Wolfgang Vogl
Die Psychologie erfolgreicher Software

Die Psychologie erfolgreicher Software

55 Strategien für Nutzerbindung, Wachstum und emotionale Produktresonanz

Wolfgang Vogl

Bibliografische Information der Deutschen Nationalbibliothek: Die Deutsche Nationalbibliothek verzeichnet diese Publikation in der Deutschen Nationalbibliografie; detaillierte bibliografische Daten sind im Internet über https://dnb.dnb.de abrufbar.

Die automatisierte Analyse des Werkes, um daraus Informationen insbesondere über Muster, Trends und Korrelationen gemäß §44b UrhG („Text und Data Mining") zu gewinnen, ist untersagt.

© 2025 Wolfgang Vogl

Verlag: BoD · Books on Demand GmbH, Überseering 33, 22297 Hamburg, bod@bod.de

Druck: Libri Plureos GmbH, Friedensallee 273, 22763 Hamburg

ISBN: 978-3-8192-1029-7

Inhaltsverzeichnis

Vorwort 5

1 Der blinde Fleck der meisten Produktstrategien: Warum Psychologie fehlt 9

2 Die Feature-Falle: Warum systemisches Denken bessere Produktstrategien schafft 13

3 Die Psychologie der Produktentscheidung: Warum Nutzer nicht logisch entscheiden, sondern emotional folgen 17

4 Time-to-Market psychologisch optimieren – Geschwindigkeit mit Substanz 21

5 Adoption statt Ablage: Warum Features geliebt (oder ignoriert) werden 25

6 Retention als psychologisches Spiel: Bindung durch echtes Nutzerverstehen 29

7 Psychologie in KPIs übersetzen – Messen, was wirklich wirkt 33

8 Die Zukunft antizipieren – Vorstellungskraft als strategisches Asset .. 37

9 Das unsichtbare Produktteam: Wie innere Haltung Output bestimmt 40

10 Der Strategie-Kompass: Ein Rahmen für psychologisch fundierte Produktentscheidungen 44

11 Entscheidungsmuster im Team: Kognitive Verzerrungen erkennen und nutzen 48

12 Friction als strategisches Werkzeug: Warum Widerstand manchmal wirkt 52

13 Die Psychologie des Preises: Wahrnehmung, Wertgefühl und Zahlungsbereitschaft 56

14 Die Kunst des Weglassens: Psychologische Prinzipien der Produktfokussierung 60

15 Vertrauen designen: Psychologische Mechanismen für Glaubwürdigkeit und Sicherheit 64

16 Psychologie für technische Features: API, Security & Infrastruktur emotional denken 68

17 Die emotionale Landkarte der Nutzerreise – Tiefer als Customer Journeys..72

18 Kulturelle Psychologie: Wie unterschiedliche Nutzergruppen Entscheidungen treffen..77

19 Der „Job to be Done" als psychologisches Narrativ 82

20 Behavioral Design im Produktalltag: Mikroverhalten gezielt gestalten 86

21 Der psychologische Lifecycle eines Produkts: Von Relevanzaufbau bis Bedeutungsverlust 90

22 Die Psychodynamik von Feedback: Wie Rückmeldungen das Produkt formen (oder verzerren)..94

23 Decision Fatigue und Produktarchitektur: Warum weniger Auswahl oft mehr bringt 98

24 Psychologie des Scheiterns: Wie man mit Frustration, Fehlern und Abbruch produktiv umgeht 102

25 Psychologische Ownership: Wie Nutzer das Produkt zu „ihrem" machen 106

26 Die Rolle von Emotionen im B2B-Softwaremarkt – Rational ist die Oberfläche..110

27 Mentale Modelle der Nutzer verstehen: Wie Produktlogik auf Denklogik treffen muss...113

28 Die Psychologie des Wartens – Zeitwahrnehmung, Geduld und Design 117

29 Erwartungsmanagement als psychologisches Designprinzip 121

30 Die Relevanz der Kontextpsychologie: Wann, wo und warum ein Feature sinnvoll wird 125

31 Psychologische Multiplikation: Wie Nutzer zu Verbreitern, Verteidigern und Verstärkern werden..128

32 Zwischen Flow und Überforderung: Wie man mentale Zustände gezielt steuert 131

33 Das Produkt als Spiegel: Wie psychologische Muster von Teams in Software sichtbar werden 135

34 Kognitive Entlastung gestalten: Wie man mentale Energie spart, statt sie zu verschwenden 138

35 Die Macht der Gewohnheit: Wie man Produkte in Routinen verankert 142

36 Framing-Effekte im UX-Design: Wie Sprache Entscheidungen lenkt 146

37 Kognitive Dissonanz im Onboarding: Warum manche Nutzer innerlich kündigen, bevor sie starten 150

38 Nudging in digitalen Produkten: Entscheidungshilfen mit Verantwortung 154

39 Von Nutzerbedürfnissen zu Produktentscheidungen: Das psychologische Briefing 158

40 Produktvision als psychologische Erzählung: Warum Strategie Geschichten braucht 162

41 Psychologische Segmentierung: Nicht demografisch, sondern motivationsbasiert 165

42 Zielkonflikte moderieren: Wenn Nutzererwartungen, Business-Logik und UX kollidieren 169

43 Time-to-Meaning: Warum nicht Geschwindigkeit, sondern Relevanz zählt 173

44 Psychologische Sicherheit in Produktteams: Der unsichtbare Hebel für Qualität 177

45 Entscheidungspsychologie im Team – Zwischen Konsensdruck und Entscheidungsstarre 181

46 Psychologisches Ownership im Team: Wenn Produktverantwortung nicht delegiert wird, sondern entsteht 185

47 Kollektive Intuition: Wie erfahrene Teams gute Entscheidungen schneller treffen 189

48 Meta-Kommunikation im Produktprozess: Wie man blinde Flecken im Denken erkennt 192

49 Re-Onboarding und Wiederkehr: Wie man verlorene Nutzer zurückholt (und warum sie oft zurück wollen) 196

50 Emotionale Erschöpfung durch Produktnutzung: Die Schattenseite digitaler Tools 201

51 Feature-Sunset mit Würde: Psychologie des Abschieds im Produktmanagement 205

52 Produktpflege als Beziehungsarbeit – Zwischen Stabilität, Erwartung und Überraschung 209

53 Psychologie trifft Plattformlogik: Wenn Produkte ganze Märkte strukturieren 213

54 Die neue Rolle des Produktmanager: Psychologisch denkende Strategen statt Feature-Manager 217

55 Ethik in der Verhaltensgestaltung – Macht und Verantwortung im Produktdesign 221

Literatur 226

Über den Autor 241

Vorwort

Psychologie denken, Produkt gestalten

Digitale Produkte sind allgegenwärtig. Sie helfen uns, Aufgaben zu erledigen, Entscheidungen zu treffen, Informationen zu verarbeiten. Doch obwohl Software im Alltag allgegenwärtig ist, bleibt eine zentrale Perspektive oft unterbelichtet: die Psychologie. Produkte sind nicht nur technische Artefakte. Sie sind psychologische Erlebnisse. Sie beeinflussen, wie Menschen sich orientieren, wie sie denken, wie sie fühlen, wie sie handeln. Und genau das ist der Ausgangspunkt dieses Buches.

Ich habe dieses Buch geschrieben, weil ich in meiner Arbeit als Produktmanager, Berater und Coach immer wieder erlebt habe, wie viel besser Produkte werden, wenn man sie psychologisch denkt. Wenn man sie nicht nur auf Funktion und Marktpotenzial hin analysiert, sondern auf Wirkung, Kontext, Haltung. Ich habe erlebt, wie Teams sich verlaufen, obwohl sie technologisch brillant sind. Wie gute Ideen scheitern, weil sie an den Nutzern vorbeigehen. Und wie einfache Interventionen große Wirkung entfalten können, wenn sie menschlich gedacht sind.

Dieses Buch ist für alle, die Softwareprodukte entwickeln und dabei den Menschen in den Mittelpunkt stellen wollen. Es ist kein Lehrbuch im klassischen Sinn. Es ist ein Werkzeugkasten, ein psychologisches Navigationssystem, eine Einladung zum Perspektivwechsel. Es will nicht recht haben, sondern mitschwingen. Es will keine Normen setzen, sondern Impulse geben. Es ist aus der Praxis für die Praxis entstanden.

Die Kernidee: Psychologie ist kein Zusatz, sondern Grundlage

Viele Produktteams versuchen, psychologische Prinzipien nachträglich in ihre Arbeit zu integrieren: UX-Writing, Nudge-Design, Motivationsmodelle. Das ist gut, aber oft zu spät. Psychologie darf nicht erst beim Interface beginnen. Sie beginnt bei der Haltung. Bei der Frage: Für wen bauen wir dieses Produkt? Was wollen wir auslösen? Welches psychologische Erlebnis soll entstehen?

Ein Interface ist nicht neutral. Eine Entscheidungssituation ist nicht zufällig. Jede Struktur lädt zu einem bestimmten Verhalten ein und erschwert anderes. Jedes Produkt kommuniziert. Es hat eine Stimme, eine Tonlage, eine Dramaturgie. Man kann das ignorieren oder gezielt gestalten. Dieses Buch plädiert für Letzteres.

Wenn wir Produkte psychologisch verstehen wollen, müssen wir uns verabschieden von der Vorstellung, dass Nutzer rational, konsequent und logisch handeln. Menschen sind widersprüchlich, kontextabhängig, emotional, oft unklar in ihren Motiven. Und genau deshalb braucht es Produkte, die nicht perfekt, sondern anschlussfähig sind. Produkte, die mentale Modelle aufgreifen, Frustration abbauen, Vertrauen systematisch erzeugen, Relevanz situativ denken.

Die Struktur dieses Buches

Das Buch ist modular aufgebaut. Jeder Abschnitt behandelt ein psychologisch zentrales Thema – von Vertrauen über Entscheidungsmüdigkeit bis zu Flow-Zuständen und Ownership. Du kannst es linear lesen, aber auch kapitelweise nutzen. Es ist als Werkzeug gedacht: zum Blättern, Nachdenken, Anwenden. Es enthält konkrete Beispiele, Theorien, Strategien und Fragen, aber vor allem soll es zum Beobachten und Umdenken anregen.

Einige der zentralen Fragen, die dich durch das Buch begleiten werden:

- Wie entsteht Vertrauen in einem Produkt und wie können wir es gezielt gestalten?

- Warum fühlt sich ein Interface "intuitiv" an und was hat das mit Denkmodellen zu tun?

- Wie wirkt Reduktion psychologisch und warum ist das Weglassen manchmal stärker als das Hinzufügen?

- Was passiert, wenn ein Nutzer scheitert und wie gestalten wir diese Frustration produktiv?

- Wie können technische Features wie Sicherheit, API oder Infrastruktur emotional anschlussfähig gemacht werden?

- Was bedeutet es, wenn ein Produkt psychologisches Eigentum erzeugt und wie schaffen wir das bewusst?

Diese Fragen sind nicht nur relevant für UX-Designer oder Produktmanager. Sie betreffen alle, die Software gestalten, verantworten oder kommunizieren, von der Strategie bis zum Support.

Die Haltung dahinter

Dieses Buch basiert auf einer Grundhaltung: dass gute Produkte entstehen, wenn wir den Menschen ernst nehmen. Nicht als "User", der klickt, sondern als Mensch, der denkt, fühlt, zweifelt, vertraut, scheitert, wiederkommt. Psychologie ist dabei kein Marketingtrick und kein UX-Feinschliff. Sie ist das Fundament für alles, was wir tun.

Gute Produkte sind keine perfekten Maschinen. Sie sind lebendige Systeme. Sie entwickeln sich, sie irritieren, sie passen sich an. Wer Produkte baut, baut Beziehungen. Und jede Beziehung braucht Empathie, Klarheit, Struktur und Offenheit. Genau darum geht es in diesem Buch.

Eine Einladung zum Perspektivwechsel

Ich lade dich ein, beim Lesen dieses Buches nicht nur nach Methoden zu suchen, sondern nach Mustern. Nicht nur nach Antworten, sondern nach neuen Fragen. Was sagt ein Feature über das Team, das es gebaut hat? Welche implizite Botschaft steckt in einem Microcopy? Was projizieren wir ins Produkt, was hören wir von den Nutzern nicht? Wo gehen wir von uns selbst aus, statt zuzuhören?

Wenn du Lust hast, Produktentwicklung nicht nur als Prozess, sondern als Dialog zu begreifen, dann wirst du hier viele Impulse finden. Vielleicht wirst du einige Kapitel als Spiegel erleben – im besten Sinn. Vielleicht wirst du merken, dass du vieles intuitiv schon richtig gemacht hast. Und vielleicht wirst du Lust bekommen, tiefer zu graben, genauer hinzuschauen, bewusster zu gestalten.

Ausblick: Was kommt danach?

Die Arbeit mit psychologischen Prinzipien endet nicht mit diesem Buch. Sie beginnt mit dem Blick, der sich ändert. Mit der Sprache, die klarer wird. Mit dem Fragen, das neugieriger wird. Du wirst beginnen, Muster zu erkennen, die dir vorher entgangen sind. Du wirst Diskussionen in deinem Team anders führen. Du wirst Features nicht nur technisch, sondern menschlich bewerten.

Und vielleicht wirst du auch neue Tools, neue Prozesse, neue Rollen entwickeln, weil du merkst, dass Produktentwicklung mehr sein kann als Roadmaps und Tickets. Sie kann ein Ort sein, an dem menschliche Bedürfnisse, strategisches Denken und psychologische Intelligenz zusammenkommen.

Ich wünsche dir Freude beim Lesen, Klarheit beim Denken und Mut beim Gestalten.

Denn am Ende geht es nicht darum, perfekte Produkte zu bauen.

Sondern solche, die etwas *bewegen*.

1 Der blinde Fleck der meisten Produktstrategien: Warum Psychologie fehlt

Der Schein des Rationalen

Im Software-Produktmanagements herrscht ein beinahe dogmatischer Glaube an Prozesse, Frameworks und Kennzahlen. Begriffe wie Scrum, OKRs, SAFe oder Lean Canvas klingen professionell und vermitteln Sicherheit. Doch unter der glatten Oberfläche dieser Tools wirkt oft ein unausgesprochener Irrtum: die Annahme, dass Menschen rational handeln. Dass Nutzer sich logisch entscheiden. Dass Teams effizient kommunizieren. Dass Stakeholder faktenbasiert urteilen. Und genau hier liegt das Problem.

Denn diese Annahme ist falsch. Menschen sind keine rationalen Rechenmaschinen, sondern komplexe Wesen mit Bedürfnissen, Ängsten, Gewohnheiten, Vorurteilen und Ambivalenzen. Was in der Theorie schlüssig wirkt, scheitert in der Praxis nicht selten – nicht an der Methode, sondern an der Wirklichkeit. Der blinde Fleck vieler Produktstrategien ist daher nicht methodischer Natur, sondern psychologischer.

Warum der psychologische Blick fehlt

Produktmanagement ist historisch aus der Technik, dem Projektmanagement und der Betriebswirtschaft hervorgegangen. Wer heute in dieses Feld einsteigt, hat häufig einen Hintergrund in Informatik, Wirtschaft oder Datenanalyse. Entsprechend stark ist die Fokussierung auf das Messbare, das Prozesshafte, das Machbare. Doch genau darin liegt die Begrenzung. Denn was sich nicht messen lässt, wird nicht wahrgenommen. Und was nicht wahrgenommen wird, beeinflusst unbewusst und ungehindert jede Entscheidung.

Psychologische Fragen werden im Produktmanagement oft als „weich" oder „nicht operationalisierbar" abgetan. Doch das Gegenteil ist der Fall. Psychologie ist nicht nur eine Beobachtungswissenschaft, sie ist eine Handlungswissenschaft. Wer psychologische Muster erkennt, kann Verhalten nicht nur deuten, sondern gestalten.

Symptome einer blinden Strategie

Dass der psychologische Blick fehlt, zeigt sich in typischen Symptomen. Eines davon ist Feature-Bloat: Immer neue Funktionen werden gebaut, weil bestehende nicht genutzt werden. Die Hoffnung: Wenn es mehr kann, wird es besser. Doch das Gegenteil ist der Fall. Denn nicht die Anzahl der Features entscheidet, sondern ihre Relevanz im Kopf des Nutzers. Und die entsteht nicht durch Logik, sondern durch Bedeutung.

Ein weiteres Symptom ist die KPI-Vergötzung. Metriken wie DAU oder NPS sind nützlich, solange man versteht, was sie *nicht* zeigen. Sie messen Verhalten, aber nicht Motivation. Sie zeigen Resultate, aber keine Ursachen. Ohne psychologisches Verständnis droht eine gefährliche Scheingenauigkeit: Das Dashboard sieht gut aus, aber das Produkt verliert Nutzer.

Auch Personas sind häufig Ausdruck dieser Oberflächenstrategie. Sie beschreiben Alter, Beruf und Device, aber nichts über emotionale Ziele, Denkstile oder Entscheidungsmuster. Der Nutzer wird zur Pappfigur degradiert, der man Eigenschaften zuschreibt, die man selbst gerne hätte. So entstehen Produkte, die technisch sauber, aber psychologisch leer sind.

Was psychologische Kompetenz leisten kann

Psychologie im Produktmanagement ist kein Extra – sie ist ein Differenzierungsmerkmal. Sie hilft, Verhalten nicht nur zu beobachten, sondern zu *verstehen*. Sie erkennt kognitive Verzerrungen, emotionale Trigger, soziale Kontexte. Und sie kann Antworten geben auf Fragen, bei denen Daten an ihre Grenzen stoßen: Warum scheitert ein Onboarding? Warum wirkt ein Button "unsichtbar"? Warum brechen Nutzer einen Prozess kurz vor dem Ziel ab?

Eine psychologisch informierte Strategie erkennt, dass Nutzer nicht immer wissen, was sie wollen. Dass sie sich widersprüchlich verhalten. Dass Entscheidungen nicht durch Argumente, sondern durch Gefühl und Kontext geprägt sind. Und sie handelt entsprechend: vorsichtiger, empathischer, klüger.

Prinzipien für psychologisch fundierte Strategien

Ein zentrales Prinzip ist die Reduktion kognitiver Last. Nutzer sind schnell überfordert. Wer zu viele Informationen, Optionen oder Schritte auf einmal bietet, verliert Aufmerksamkeit und Motivation. Weniger ist hier nicht weniger, sondern intelligenter.

Ein weiteres Prinzip ist das Arbeiten mit mentalen Modellen. Nutzer kommen mit Erwartungen, wie etwas "funktionieren sollte". Wenn das Produkt diesen Modellen entspricht oder sie geschickt erweitert, wirkt es intuitiv. Wenn nicht, entsteht Reibung.

Auch emotionale Anker sind entscheidend. Nutzer entscheiden oft aus einem Gefühl heraus: Vertrauen, Sicherheit, Freude, Kontrolle. Strategien, die diese Gefühle gezielt auslösen und begleiten, werden nachhaltiger erlebt. Und zuletzt: Das Prinzip der psychologischen Konsistenz. Menschen wollen sich selbst treu bleiben. Wer ein Produkt nutzt, das zum eigenen Selbstbild passt, bleibt eher dabei. Wer sich damit identifizieren kann, empfiehlt es weiter.

Ein Beispiel: Die stille Sabotage

Ein SaaS-Unternehmen hatte ein neues Collaboration-Feature entwickelt, das in Tests hervorragend funktionierte. Doch in der Praxis wurde es kaum genutzt. Die KPI-Analyse brachte keinen klaren Hinweis. Also wurden Tutorials, Prompts und Tooltips nachgeschoben. Ohne Erfolg.

Ein psychologischer Deep Dive zeigte: Das Feature widersprach dem sozialen Kontext der Nutzer. Es erforderte, dass Kollegen spontan öffentliche Kommentare schreiben. Viele Nutzer empfanden das als riskant oder unpassend. Die Folge: Vermeidungsverhalten.

Erst durch Anpassung des Kontexts – eine Option zum privaten Feedback, klare Erwartungsrahmen, soziale Bestärkung – stieg die Nutzung signifikant. Die Technik war nie das Problem. Der psychologische Kontext war es.

Strategie ist nicht nur Struktur, sondern Psychologie

Wer heute Produkte baut, braucht mehr als Prozesse. Er braucht psychologisches Gespür. Nicht als Bauchgefühl, sondern als systemische Kompetenz. Nicht als Marketingtrick, sondern als Grundhaltung.

Psychologie macht Strategien nicht unklarer, sondern klarer. Sie fragt nicht nur: "Was tun Nutzer?", sondern: "Warum?" Und sie erkennt: Der Nutzer ist kein reines Analyseobjekt. Er ist der eigentliche Co-Autor des Produkts.

Wenn Produktteams das begreifen, ändert sich alles: die Art zu denken, zu sprechen, zu gestalten. Dann entsteht aus Funktion Wirkung. Und aus Strategie Relevanz.

2 Die Feature-Falle: Warum systemisches Denken bessere Produktstrategien schafft

Das Feature-Falle-Problem

In vielen Produktteams dominiert ein lineares Denken: Feature A löst Problem X, Feature B erhöht Nutzerbindung Y. Diese Denkweise klingt logisch, ist aber oft zu kurz gegriffen. Sie reduziert Produktentwicklung auf additive Logik und verkennt die systemische Natur digitaler Produkte. Das Ergebnis ist ein aufgeblähtes Produkt mit vielen Funktionen, aber ohne emotionale Kohärenz oder strategische Klarheit. Nutzer fühlen sich verwirrt, Entwickler sind überlastet, Support-Teams überfordert.

Systemisches Denken im Software-Produktmanagement bietet hier eine Alternative. Es begreift Produkte als dynamische Systeme mit Wechselwirkungen, Rückkopplungen und nichtlinearen Effekten. Ziel ist nicht die Summe maximaler Features, sondern das optimale Zusammenspiel aller Teile. Wer so denkt, erkennt plötzlich: Eine kleine Änderung am Onboarding kann die Churn Rate stärker senken als ein großes neues Feature. Oder: Eine Umstellung des Pricing-Modells beeinflusst nicht nur den Umsatz, sondern auch das Nutzerverhalten im Produkt selbst.

Warum lineares Denken in der Produktstrategie scheitert

Ein Hauptproblem linearen Denkens liegt in der isolierten Betrachtung von Features. Zu oft wird ein neues Feature entwickelt, getestet und gemessen, ohne die Wechselwirkungen mit bestehenden Funktionen zu berücksichtigen. Dabei wirkt jede Änderung in einem Teil des Systems auch auf andere Bereiche. Ein neues Analyse-Feature kann beispielsweise mehr Supportanfragen auslösen, das Vertrauen von Einsteigern schwächen oder andere Workflows destabilisieren.

Hinzu kommen verzögerte Rückwirkungen: Eine kurzfristig erfolgreiche Einführung eines Social-Sharing-Buttons mag das Engagement steigern, kann aber mittelfristig zu einer Verzerrung der Content-Wahrnehmung führen. Nutzer könnten

Inhalte nur noch danach bewerten, ob sie "teilbar" sind, nicht ob sie ihnen wirklich helfen.

Ein drittes Problem sind unterschätzte Wechselwirkungen. Zwei nützliche Features können sich gegenseitig neutralisieren oder sogar stören, etwa wenn sie sich in der UI konkurrieren oder widersprüchliche Erwartungshaltungen erzeugen. Die Summe guter Einzelentscheidungen ergibt also nicht automatisch ein gutes Gesamterlebnis.

Systemisches Denken: Konzepte und Prinzipien

Die Systemtheorie bringt Begriffe und Werkzeuge mit, die Produktstrategen helfen, diese Komplexität zu durchdringen. Einer der wichtigsten ist der des Feedback-Loops. Positive Rückkopplungsschleifen verstärken Effekte: Wer etwa bei guter Nutzung mehr Sichtbarkeit erhält, wird noch aktiver. Negative Rückkopplungen stabilisieren Systeme: Eine Preisgrenze kann z. B. die Nutzung begrenzen und so technische Infrastruktur entlasten.

Auch der Begriff der Emergenz ist zentral: Nutzer empfinden ein Produkt als "einfach" oder "professionell" nicht wegen einzelner Features, sondern wegen des Zusammenspiels vieler Komponenten. Diese Qualität ist nicht direkt programmierbar, sondern entsteht aus Struktur, Kommunikation und Nutzungskultur.

Zudem müssen Systemgrenzen definiert werden: Gehört der Kundensupport zum Produkt? Die Community zum Unternehmen? Wer systemisch denkt, bezieht alle Elemente ein, die das Nutzererlebnis prägen.

Nicht zuletzt sind sogenannte Hebelpunkte relevant: Stellen im System, an denen kleine Eingriffe große Wirkung entfalten. Oft sind das nicht die sichtbaren Features, sondern unscheinbare Details wie die Reihenfolge im Onboarding, die Bezeichnung eines Buttons oder die Voreinstellung in einem Formular.

Von der Feature-Roadmap zur Wirkungsstrategie

Die klassische Roadmap-Logik basiert meist auf Feature-Backlogs. Systemisches Denken verändert diese Perspektive: Im Zentrum stehen nicht Features, sondern Wirkungen. Ein Ziel wie "Vertrauen aufbauen" kann durch viele verschiedene Maßnahmen erreicht werden: bessere Kommunikation, stärkere Defaults, transparente Statusanzeigen. Features sind also Mittel zum Zweck, nicht das Ziel selbst.

Ein zweiter Wechsel liegt in der Definition des Produkts selbst: Statt MVP (Minimum Viable Product) empfiehlt sich der Gedanke des MVS (Minimum Viable System). Ein Produktfragment, das aus Login und Startseite besteht, ist kein System. Es kann kein realistisches Feedback erzeugen. Erst wenn ein Produkt in sich stimmig funktioniert, beginnt das Lernen.

Drittens braucht es neue Visualisierungen: Statt isolierter KPIs braucht es Systemkarten, die Wechselwirkungen, Spannungen und Schleifen sichtbar machen. Wer versteht, wie eine Änderung an Punkt A über Rückwirkungen zu Veränderungen an Punkt D führt, trifft bessere Entscheidungen.

Konkrete Tools und Methoden

System-Mapping ist ein einfaches, aber wirksames Werkzeug: Zeichne das Produkt als System. Welche Nutzergruppen agieren wie mit welchen Features? Welche Datenflüsse, Interfaces, Entscheidungen sind beteiligt? Visualisiere Ursache-Wirkungs-Zusammenhänge mit Causal-Loop-Diagrammen.

Formuliere Hypothesen nicht isoliert, sondern systemisch. Statt: "Wenn wir Feature X einführen, steigt die Conversion" lieber: "Wenn wir Feature X einführen, steigt die Conversion kurzfristig, aber Support-Volumen und Onboarding-Dauer könnten ebenfalls steigen."

Bewerte Veränderungen nicht nur punktuell, sondern über Zeit. Welche Trends zeigen sich? Welche Entwicklungen verlaufen stabil, welche oszillierend? Führe systemweite Retrospektiven ein, in denen Teams nicht über sich, sondern über die Dynamik ihrer Entscheidungen sprechen.

Psychologische Perspektiven im Systemdenken

Systemisches Denken öffnet auch die Tür zur Psychologie. Kognitive Überlastung entsteht selten durch ein einzelnes Feature, sondern durch das Zusammenspiel vieler – zu vieler. Vertrauen ist kein UI-Element, sondern ein emergentes Gefühl, das aus Konsistenz, Transparenz und Erwartungserfüllung entsteht. Und Retention ist keine Folge eines einzelnen Rewards, sondern eines emotionalen Musters, das durch Interaktion, Identifikation und Resonanz geprägt wird.

Wer psychologische Effekte systemisch denkt, erkennt plötzlich auch neue Hebelpunkte: Ein kleiner Text im richtigen Moment, ein bewusst gesetztes Limit, ein erfolgreiches erstes Nutzererlebnis kann mehr bewirken als ein ganzes neues Modul.

Der Systemblick als strategischer Vorteil

Systemisches Denken ist keine Zusatzkompetenz für Produktstrategen, es ist ein Perspektivwechsel, der alles verändert. Statt einzelne Features zu planen, lernst du Dynamiken zu gestalten. Statt Symptomen hinterherzulaufen, findest du Ursachen. Statt kurzfristig zu optimieren, baust du langfristig wirksame Systeme.

Wer diesen Blick einnimmt, baut nicht nur Produkte. Er baut Resonanz, Wirkung, psychologische Anschlussfähigkeit. Und genau das ist es, was digitale Produkte heute brauchen: keine Feature-Flut, sondern Systemintelligenz.

3 Die Psychologie der Produktentscheidung: Warum Nutzer nicht logisch entscheiden, sondern emotional folgen

Der Schein des Rationalen

Im Software-Produktmanagement wird oft so getan, als wäre der Nutzer ein logisch denkender Entscheider. Angeblich vergleicht er Optionen, wägt Vor- und Nachteile ab, liest Feature-Vergleiche, prüft Preise und entscheidet sich am Ende für die objektiv beste Lösung. Doch dieses Bild ist eine Illusion. Menschen entscheiden nicht rational. Sie entscheiden psychologisch. Und sie rechtfertigen diese Entscheidungen im Nachhinein mit rationalen Argumenten. Das bedeutet: Die Entscheidung ist oft schon gefallen, bevor die Argumente kommen.

Wenn Produktteams diese Realität ignorieren, bauen sie Angebote, die zwar technisch brillant und strategisch korrekt sind, aber am Kunden vorbeigehen. Wer hingegen versteht, wie Entscheidungen wirklich entstehen, entwickelt Produkte, die nicht nur genutzt, sondern *gewählt* werden, weil sie sich richtig *anfühlen*.

Die Architektur einer Entscheidung

Jede Entscheidung folgt einem psychologischen Pfad, der sich deutlich von einer linearen Logik unterscheidet. Der Auslöser ist oft ein emotionaler oder sozialer Trigger – etwa Frust, Neugier, Druck oder Gruppendynamik. Dann folgt das Framing: Wie wird die Situation wahrgenommen? Ist es eine Gelegenheit oder eine Bedrohung? Diese Bewertung steuert, ob ein Mensch eher explorativ oder vorsichtig agiert.

Entscheidend ist, welche Optionen überhaupt wahrgenommen werden. Produkte konkurrieren nicht nur in ihrer Kategorie, sondern mit allem, was im mentalen Raum des Nutzers präsent ist. Wie diese Optionen dargestellt, gewichtet und sortiert sind, beeinflusst massiv die Entscheidung. Visuelle Gestaltung, Sprache, Reihenfolge – all das wirkt auf die Bewertung ein. Danach folgt der Moment des Commitments: Wird eine Entscheidung gefällt oder verschoben? Schließlich rechtfertigen Nutzer ihre Wahl vor sich selbst und vor anderen. Jetzt kommen die Argumente. Aber nicht als Ursache, sondern als Bestätigung.

Emotion schlägt Logik – und das ist gut so

Wer Entscheidungen gestalten will, muss Emotionen gestalten. Das heißt nicht, Nutzer zu manipulieren. Es heißt, die realen Bedingungen menschlicher Entscheidung anzuerkennen. Ein gutes Produkt erzeugt gezielt emotionale Zustände: Vertrauen beim Onboarding. Kontrolle beim Navigieren. Freude beim ersten Erfolgserlebnis. Sicherheit beim Abschluss.

Entscheidend ist, dass sich diese Zustände stimmig anfühlen. Ein System, das funktional richtig, aber emotional inkongruent ist, wird als anstrengend, kalt oder unklar empfunden. Emotionale Konsistenz – das ist das neue UX-Kriterium.

Psychologische Prinzipien, die Entscheidungen leiten

Einige psychologische Mechanismen sind besonders relevant:

- *Verlustaversion:* Menschen fürchten Verluste stärker, als sie Gewinne begehren. Zeige, was sie verpassen könnten – nicht nur, was sie gewinnen.

- *Soziale Bestätigung:* Menschen folgen dem Verhalten anderer. Testimonials, Nutzerzahlen, Empfehlungen richtig platziert, erhöhen sie die Wahlwahrscheinlichkeit.

- *Kognitive Leichtigkeit:* Was sich einfach anfühlt, wird als richtig empfunden. Reduziere Komplexität – visuell, sprachlich, funktional.

- *Commitment & Konsistenz:* Wer einmal angefangen hat, will dranbleiben. Baue Einstiegshürden bewusst niedrig, damit der nächste Schritt logisch erscheint.

- *Ankereffekte:* Der erste Preis, das erste Beispiel, das erste Bild – sie setzen Maßstäbe. Wähle sie mit Bedacht.

Vom Feature zur Entscheidungssituation

Viele Produktteams denken in Features, nicht in Entscheidungen. Doch ein Feature wird erst dann relevant, wenn der Nutzer sich *dafür* entscheiden soll. Deshalb ist es entscheidend, die Entscheidungssituationen systematisch zu analysieren:

- Wann trifft der Nutzer eine Wahl?

- Welche Optionen stehen ihm in dem Moment zur Verfügung?

- Welche Emotionen begleiten ihn?

- Welche Risiken nimmt er wahr?

- Welche Reize können ihn aktivieren?

Aus diesen Fragen entsteht eine Entscheidungslandkarte. Die Basis für psychologisch kluge Produktarchitektur.

Die Macht der Gestaltung

Gute Entscheidungen entstehen nicht durch gute Argumente, sondern durch gute Gestaltung. Ein Beispiel: Eine SaaS-Plattform reduzierte ihre Trial-Abbruchrate deutlich, indem sie im Onboarding nicht mehr alle Features präsentierte, sondern nur zwei klar benannte Einstiegspfade. Dazu kamen aktivierende Microtexte („Sie schaffen das auch ohne Vorkenntnisse") und Social Proof („Gerade aktiv: 213 Teams"). Das Ergebnis: 30 % mehr Conversions in der ersten Woche.

Gestaltung bedeutet hier nicht nur visuelle Ästhetik, sondern Entscheidungserleichterung. Der Nutzer muss spüren: *Hier bin ich richtig. Das ist machbar. Das fühlt sich gut an.*

Entscheidungserleichterung als strategisches Ziel

Psychologisch wirksames Produktmanagement verfolgt ein zentrales Ziel: Entscheidungen leichter machen. Dafür braucht es kein Feature-Feuerwerk, sondern Klarheit. Nutzer wollen keine 20 Optionen, sondern die *richtige* Option zur *richtigen* Zeit. Und sie wollen sich gut fühlen bei ihrer Wahl.

Die Aufgabe von Produktteams ist es deshalb, diese Entscheidungen so zu gestalten, dass sie intuitiv, konsistent und emotional überzeugend sind. Das beginnt bei der Sprache. Geht über die Auswahlarchitektur. Und endet bei der Art, wie Feedback gegeben wird.

Produkte werden nicht benutzt – sie werden gewählt

Am Ende entscheidet kein Feature, keine Methode, kein KPI über den Erfolg eines Produkts, sondern eine Reihe von Mikroentscheidungen, die sich gut anfühlen. Wer diese Entscheidungen psychologisch versteht und bewusst gestaltet, baut nicht nur bessere Produkte. Er schafft Systeme, die sich gewählt anfühlen. Und genau darin liegt der Unterschied zwischen Funktion und Wirkung.

4 Time-to-Market psychologisch optimieren – Geschwindigkeit mit Substanz

Geschwindigkeit ist kein Selbstzweck

Time-to-Market gilt als heiliger Gral im digitalen Produktmanagement. Wer schneller launcht, gewinnt den Markt, so die verbreitete Logik. Agile Methoden, DevOps und CI/CD-Pipelines haben den technischen Teil dieses Versprechens eingelöst: Produkte können heute in Wochen entstehen, getestet und deployed werden. Doch bei all der Beschleunigung stellt sich eine grundsätzliche Frage: Was nützt es, schnell zu sein, wenn das Gelieferte keinen Wert stiftet? Geschwindigkeit allein ist kein Wettbewerbsvorteil. Relevanz ist es.

Ein psychologisch fundierter Blick auf Time-to-Market verändert die Perspektive: Es geht nicht nur darum, *wie schnell* ein Produkt ausgeliefert werden kann, sondern *wie schnell* ein Nutzer darin einen echten, emotionalen Nutzen erlebt. Nur dann entsteht Momentum. Nur dann wird aus Time-to-Market ein echter Business-Hebel.

Technische Geschwindigkeit trifft psychologische Wirkung

Wenn wir über Time-to-Market sprechen, sollten wir zwischen zwei Dimensionen unterscheiden. Auf der einen Seite steht die technische Geschwindigkeit: Wie effizient ist die Produktentwicklung? Wie automatisiert sind Build- und Release-Prozesse? Das ist die Maschinerie.

Auf der anderen Seite steht die psychologische Relevanzgeschwindigkeit: Wie schnell spürt der Nutzer, dass dieses Produkt *etwas mit ihm macht*? Dass es löst, erleichtert, begeistert? Diese zweite Dimension ist schwerer zu messen, aber entscheidend für Adoption und Retention.

In vielen Teams wird die erste Dimension überoptimiert, während die zweite vernachlässigt wird. Es wird deployed, bevor psychologische Reife erreicht ist. Nutzer werden mit halbfertigen Features konfrontiert, die kognitiv überfordern, emotional leer bleiben oder schlichtweg nicht verstanden werden.

Psychologische Fallstricke beim Beschleunigen

Wer Time-to-Market einseitig technisch denkt, läuft in typische psychologische Fallen. Eine davon ist der Feature-Overload: In dem Bemühen, "mehr" zu liefern, steigt die Komplexität. Der Nutzer sieht sich einer Funktionsexplosion gegenüber, ohne Orientierung oder Priorisierung. Das führt zu Unsicherheit, Entscheidungsvermeidung oder Frust.

Ein weiterer Fallstrick ist das Ausrollen unreifer Entscheidungen. Wenn Produkte unter Zeitdruck live gehen, fehlt oft die inhaltliche und sprachliche Qualität. Nutzer werden zu Betatestern ohne Kontext, das Vertrauen leidet.

Und schließlich: Mangelhafte Erwartungskommunikation. Wenn Nutzer nicht verstehen, *warum* etwas überarbeitet wurde oder *was* sich konkret für sie ändert, entsteht Verunsicherung. Psychologisch betrachtet ist das ein Vertrauensbruch.

Die drei Hebel zur psychologischen Beschleunigung

Wer Time-to-Market strategisch optimieren will, sollte drei psychologische Hebel aktivieren:

1. Entscheidungsreife beschleunigen: Es geht darum, schneller Klarheit zu gewinnen, *was* gebaut werden soll. Statt monatelanger Research-Zyklen helfen psychologisch fundierte Methoden: User-Interviews mit Fokus auf Frustrationen und Motivationen, Fake-Door-Tests mit emotionalem Framing, Vorher-Nachher-Narrative. Ziel ist es, nicht zu fragen: "Was wünschst du dir?", sondern: "Was war das letzte Mal frustrierend für dich?" Die Erkenntnisse daraus beschleunigen Priorisierung, weil sie echte Relevanz offenlegen.

2. Time-to-Value verkürzen: Ein Produkt, das zwar schnell deployed, aber erst nach Wochen einen spürbaren Nutzen liefert, ist strategisch langsam. Nutzer müssen möglichst schnell einen "Aha-Moment" erleben. Mittel dafür sind: Guided Onboarding, visuelle Fortschrittsanzeigen, Micro-Wins und positive Feedbacksysteme. Auch soziale Bestätigung („Schon 1.437 Nutzer in deiner Branche setzen X ein") stärkt das psychologische Momentum.

3. Feedbackschleifen emotional verdichten: Technische Metriken wie DAU (Daily Active User) oder Funnel-Drop-Offs geben nur ein grobes Bild. Psychologisch wertvoller ist emotionales Feedback: Was hat überrascht? Was war frustrierend? Wann war der Nutzer stolz? Solche Fragen lassen sich über In-App-Befragungen, User Diaries oder kurze Feedback-Loops gezielt einbauen.

Neue Frameworks für psychologisch wirksames Time-to-Market

Traditionelle Produkt-Metriken messen meist das "Ob" und "Wann". Doch psychologische Produktführung fragt: *Wie hat es sich angefühlt?*

Ein erster Ansatz ist das Konzept des *Minimum Viable Emotion (MVE)*. Es fragt: Reicht das Produkt aus, um *eine* spürbare Emotion auszulösen? Vertrauen, Neugier, Entlastung? Erst wenn diese emotionale Schwelle erreicht ist, sollte das Produkt ausgeliefert werden. Ohne Emotion keine Erinnerung und damit keine nachhaltige Wirkung.

Ein zweiter Ansatz ist der *Psychological Launch Readiness Check.* Vor jedem Rollout wird geprüft:

- Haben wir ein klares psychologisches Wirkungsziel?

- Können wir es kommunizieren?

- Sind Onboarding, Sprache und Framing darauf abgestimmt?

Drittens empfiehlt sich ein *Impact Mapping*. Hier werden Features nicht nach technischer Fertigstellung, sondern nach emotionaler Tragweite priorisiert. Kleine Quick Wins kommen zuerst, sie erzeugen Momentum. Komplexere Funktionen folgen dann, wenn das Vertrauen aufgebaut ist.

Praxisbeispiel: FinTech beschleunigt mit Substanz

Ein FinTech-Anbieter wollte den Onboarding-Prozess zur Kontoeröffnung verkürzen. Technisch war das in wenigen Tagen möglich. Doch die Conversion blieb niedrig. Eine psychologische Analyse zeigte: Die Nutzer verstanden den Prozess nicht, empfanden Misstrauen gegenüber der Datenabfrage und waren emotional verunsichert.

Die Lösung lag nicht im Code, sondern im Framing: Der Nutzen wurde zuerst kommuniziert, dann die Daten abgefragt. Ein Fortschrittsbalken strukturierte den Ablauf, positive Sprache begleitete jeden Schritt („Nur noch ein Schritt – fast geschafft!"). Der Einstieg wurde zur Einladung, nicht zur Prüfung. Ergebnis: 45 % mehr abgeschlossene Registrierungen binnen zehn Tagen.

Geschwindigkeit braucht psychologische Substanz

Time-to-Market ist ein strategischer Hebel. Aber nur, wenn er psychologisch gedacht wird. Schnelligkeit allein ist kein Wert. Wirkung ist es. Und Wirkung entsteht nur, wenn Produkte nicht nur gebaut, sondern gefühlt werden.

Wer das erkennt, misst nicht nur Deployments pro Woche, sondern die Geschwindigkeit emotionaler Wirkung. Dann wird Produktentwicklung nicht hektisch, sondern präzise. Nicht schneller um jeden Preis, sondern schneller mit Sinn. Das ist psychologisch optimierte Produktstrategie.

5 Adoption statt Ablage: Warum Features geliebt (oder ignoriert) werden

Die Illusion der Nutzung

In vielen Produktteams wird der Launch eines neuen Features als Meilenstein gefeiert. Technisch ist alles sauber implementiert, das Release ist durchgetestet, die Dokumentation steht. Doch nur Wochen später zeigt sich: Die Nutzung bleibt aus. Kaum jemand klickt, kaum jemand versteht, kaum jemand spricht darüber. Was als strategischer Fortschritt gedacht war, wird zum digitalen Staubfänger. Das Feature verschwindet. Nicht aus dem Code, aber aus dem Bewusstsein.

Der Grund liegt selten im Feature selbst. Die meisten Funktionen sind nicht schlecht gedacht, sie sind nur schlecht verankert. Denn zwischen Vorhandensein und Nutzung liegt eine psychologische Kluft. Features werden nicht ignoriert, weil sie unnütz sind, sondern weil sie psychologisch nicht *andocken*. Sie erreichen weder den Aufmerksamkeitsfokus noch die emotionale oder motivationale Ebene des Nutzers.

Drei Zonen der Nicht-Adoption

Die Psychologie kennt verschiedene Gründe, warum Dinge nicht wahrgenommen oder genutzt werden. Auf Features übertragen, lassen sich drei typische Zonen beschreiben, in denen die Adoption scheitert:

Erstens: Die *Ignoranz-Zone*. Das Feature wird gar nicht bemerkt. Vielleicht liegt es versteckt in einer Sub-Navigation, vielleicht fehlt der Trigger, vielleicht wurde es schlicht nie eingeführt. Zweitens: Die *Verständnis-Zone*. Der Nutzer sieht das Feature, aber versteht weder seine Funktion noch seinen Nutzen. Es fehlt die kontextuelle oder semantische Anschlussfähigkeit. Drittens: Die *Bedeutungs-Zone*. Das Feature ist sichtbar und verständlich, aber der Nutzer sieht keine Relevanz für sich selbst. Es passt nicht zu seinem Ziel, seinem Timing, seiner Problemwahrnehmung.

Gerade die dritte Zone ist tückisch. Denn sie betrifft Features, die aus Produktlogik sinnvoll, aus Nutzerpsychologie aber *verwaist* sind. Sie wurden gemacht, aber nicht gefühlt. Und genau daran scheitert Adoption am häufigsten.

Was Features wirklich nutzbar macht

Damit ein Feature nicht im Schatten der UI verschwindet, braucht es mehr als Sichtbarkeit. Es braucht psychologische Anschlussfähigkeit. Fünf Voraussetzungen sind hier zentral:

Erstens: *Salienz*. Ein Feature muss ins Auge fallen, aber nicht störend, sondern anschlussfähig. Salienz ist nicht nur visuell, sondern auch kontextuell: Das Feature muss im richtigen Moment auftauchen. Zweitens: *Intuitives Framing*. Nutzer dürfen nicht rätseln müssen, was ein Feature bewirken soll. Der Nutzen muss spürbar sein, nicht nur beschreibbar. Drittens: *Emotionaler Kontext*. Ein Feature wird dann angenommen, wenn es auf eine *emotionale Spannung* trifft: Frust, Unsicherheit, Wunsch, Hoffnung. Viertens: *Selbstwirksamkeit*. Nutzer müssen das Gefühl haben: Ich kann das. Ich verstehe das. Ich traue mir das zu. Fünftens: *Soziale Bestätigung*. Menschen sind Herdentiere. Wenn andere etwas nutzen, wirkt es vertrauenswürdiger.

Der Moment entscheidet

Adoption ist kein Feature-Attribut, sondern ein Timing-Phänomen. Ein noch so gutes Feature wird ignoriert, wenn es im falschen Moment auftaucht. Ein Planungs-Feature ist im kreativen Ideation-Modus irrelevant. Eine Exportfunktion interessiert niemanden im Onboarding. Was nützlich ist, wird nur dann genutzt, wenn es *jetzt gerade* relevant erscheint.

Hier greift das Prinzip der *Progressive Disclosure*: Zeige Funktionen nicht immer, sondern *dann*, wenn sie gebraucht werden. Diese Logik ist kein technischer Luxus, sondern ein psychologischer Hebel. Nutzer erleben ein Feature anders, wenn sie es zur richtigen Zeit anspricht – im richtigen Ton, mit dem passenden Wording, im passenden Kontext.

Vom Feature zur Geschichte

Ein weiteres Werkzeug für Adoption ist das emotionale Onboarding. Features werden nicht über Menüs, sondern über *Geschichten* eingeführt. Ein kurzer Satz wie „Sie möchten Ihre Woche besser strukturieren? Probieren Sie unser Planungs-modul" ist mehr als UX-Text: Es ist eine Verankerung in der Lebensrealität des Nutzers.

Solche Mikrogeschichten erzeugen Relevanz. Sie rahmen das Feature ein. Sie helfen dem Nutzer, sich selbst in der Anwendung wiederzuerkennen. Und sie re-duzieren die Distanz zwischen Tool und Ziel. Statt: „Dieses Feature kann XY" heißt es dann: „Du willst XY erreichen, hier ist dein Werkzeug."

Beispiel: Wie ein Feature gerettet wurde

Ein Projektmanagement-Tool führte ein neues Planungs-Feature ein. Es war tech-nisch sauber, optisch klar integriert, funktional sinnvoll. Doch die Nutzung blieb aus. Eine Analyse zeigte: Die Nutzer hatten das Feature gesehen, aber nicht als lösungsrelevant empfunden. Es fehlte ein emotionaler Bezugspunkt. Zudem kam das Feature zu einem Zeitpunkt, an dem Nutzer noch nicht im Planungsmodus waren.

Die Lösung bestand aus drei Schritten: Erstens wurde der Text geändert. Statt technischer Erklärung trat ein emotionales Framing: „Frustriert vom Planungs-chaos? Jetzt mit einem Klick zur Struktur." Zweitens wurde ein In-App-Reminder eingeführt, der nach 3 Tagen Inaktivität im Planungsbereich einen Impuls setzte. Drittens wurden Micro-Wins eingebaut: „Du hast 4 Terminüberschneidungen ge-löst – gut gemacht!"

Das Ergebnis war deutlich: Innerhalb von vier Wochen stieg die Adoption von unter 10 auf 37 Prozent.

Adoption ist Bedeutung

Am Ende ist jedes Feature nur so gut wie sein Platz im Leben des Nutzers. Und dieser Platz wird nicht durch Technik definiert, sondern durch Bedeutung. Wer Adoption will, muss *psychologische Bedeutung* erzeugen. Durch kluges Framing. Durch emotionales Timing. Durch Selbstwirksamkeit und soziale Anker. Nur dann wird ein Feature nicht zur Ablage, sondern zur Hilfe.

Von der Funktion zur Verbindung

Features allein schaffen keinen Produktwert. Erst wenn sie angenommen, genutzt, integriert werden, entfalten sie ihre Wirkung. Die Aufgabe von Produktteams ist es daher, diese Annahme zu erleichtern, nicht durch Lautstärke, sondern durch psychologische Passung. Denn Nutzung ist Beziehung. Und Beziehung entsteht, wenn ein Produkt nicht nur funktioniert, sondern *fühlt*, was der Nutzer braucht. Genau das macht aus Code Kultur.

6 Retention als psychologisches Spiel: Bindung durch echtes Nutzerverstehen

Bleiben ist keine Selbstverständlichkeit

Retention (Bindung) bei digitalen Produkten wird oft als Nebenprodukt eines gelungenen Produkts betrachtet. Nach dem Motto: Wenn das Produkt gut ist, bleiben die Kunden schon. Doch diese Annahme ist trügerisch. Nutzerbindung geschieht nicht automatisch. Sie ist kein technischer Zustand, sondern ein psychologischer Prozess, voller unbewusster Dynamiken, emotionaler Mikroentscheidungen und sozialer Einflussfaktoren. Wer Retention langfristig sichern will, muss verstehen, dass Kunden sich nicht *einmal*, sondern *immer wieder neu* entscheiden, zu bleiben.

Ein Produkt, das keine emotionale Bindung aufbaut, läuft Gefahr, zur bloßen Funktion zu verkommen – nützlich, aber beliebig. Der Nutzer bleibt nur, solange er nichts Besseres findet. Doch echte Retention beginnt dort, wo ein Produkt nicht mehr nur genutzt wird, sondern sich *vertraut, bedeutungsvoll* und *unverzichtbar* anfühlt.

Psychologische Ebenen der Nutzerbindung

Um die Tiefe der Retention zu begreifen, lohnt sich ein Blick auf ihre psychologischen Schichten. Auf der oberflächlichsten Ebene sprechen wir von funktionaler Bindung. Hier löst das Produkt ein konkretes, wiederkehrendes Problem, es ist nützlich, effizient, verlässlich. Kalender, Banking-Apps oder Navigationsdienste fallen in diese Kategorie. Doch allein das reicht nicht.

Auf der zweiten Ebene entsteht eine habitualisierte Nutzung. Das Produkt wird zur Routine, eingebettet in tägliche Abläufe. Der Nutzer denkt nicht mehr aktiv darüber nach, er *macht einfach*. To-do-Apps, Notiztools oder Messenger entwickeln oft genau diese Art von Verhaltensbindung.

Am tiefsten wirkt jedoch die Identitätsbindung: Wenn ein Nutzer beginnt, das Produkt als Teil seines Selbstbildes zu begreifen. Nicht mehr nur: "Ich nutze das."

Sondern: "Ich *bin* jemand, der das nutzt." Diese Identifikation erzeugt eine emotionale Loyalität, die weit über Funktionen hinausgeht. Marken wie Apple, Notion oder Peloton leben genau von dieser psychologischen Verankerung.

Was Retention wirklich stärkt

Retention entsteht dort, wo psychologische Bedürfnisse dauerhaft erfüllt werden. Dazu gehört das Erleben von Fortschritt, Kontrolle, Zugehörigkeit, Sicherheit und Sinn. Ein Produkt, das sichtbar macht, was der Nutzer bereits erreicht hat – etwa durch Fortschrittsbalken, Wochenziele oder persönliche Rückblicke – aktiviert das Gefühl von Entwicklung. Und Entwicklung bedeutet Investition.

Ebenso stark wirkt der Wunsch nach Konsistenz. Wer sich einmal entschieden hat, bleibt eher dabei. Besonders wenn die Entscheidung sichtbar, sozial oder mit Aufwand verbunden war. Diese Dynamik lässt sich durch Commitment-Momente bewusst gestalten: etwa durch Profileinstellungen, Team-Joinings oder öffentlich sichtbare Aktivitäten.

Auch soziale Einbindung ist ein unterschätzter Retention-Faktor. Wenn andere Menschen involviert sind – in Form von Teams, Communities oder geteilten Workflows – wird das Produkt zur sozialen Infrastruktur. Und die ist psychologisch schwer zu verlassen.

Schließlich entscheidet die emotionale Resonanz: Fühlt sich das Produkt gut an? Gibt es Erfolgsmomente, motivierende Rückmeldungen, das Gefühl von Kontrolle und Selbstwirksamkeit? Retention beginnt im Bauch, nicht in der Logik.

Was Kunden vertreibt

Genauso wie Retention aktiv gestaltet werden kann, gibt es psychologische Gründe für Churn, also das Abwandern von Nutzern. Friktion ist ein klassischer Treiber: Wenn Nutzung anstrengend, inkonsistent oder fehleranfällig wird, entsteht Frust. Noch gefährlicher ist die Enttäuschung emotionaler Erwartungen – etwa, wenn das Produkt mehr verspricht, als es im Alltag hält.

Auch Vergleichbarkeit spielt eine Rolle. Wenn der Nutzer das Gefühl hat, das Produkt sei austauschbar, ohne dass etwas *Persönliches* verloren geht, sinkt die Wechselbarriere. Und schließlich führt Stagnation zur inneren Kündigung: Wenn ein Produkt sich nicht weiterentwickelt oder keine neuen Impulse gibt, stirbt das Interesse langsam, aber sicher.

Psychologische Retention gestalten

Wie lässt sich Retention nun bewusst aufbauen? Ein zentraler Hebel liegt im On-boarding. Wer früh ein positives, emotional markantes Erlebnis schafft – einen kleinen Erfolg, ein motivierendes Feedback, eine symbolische Belohnung – verankert das Produkt als hilfreich und relevant. Micro-Wins sind dabei oft wirksamer als große Funktionen.

Zweitens lohnt es sich, Retention-Trigger systematisch zu analysieren: Welche Situationen, Ereignisse oder Zustände führen dazu, dass Nutzer *zurückkehren*? Diese Momente lassen sich verstärken, etwa durch Erinnerungen, kontextuelle Hinweise oder gezielte Reaktivierungen.

Auch die Vergangenheit spielt eine Rolle. Produkte, die retrospektive Perspektiven anbieten, etwa: "Was du diesen Monat erreicht hast" oder "Dein Fortschritt in der letzten Woche", stärken das Gefühl, *etwas aufgebaut zu haben*. Und was aufgebaut wurde, will man nicht leichtfertig aufgeben.

Nicht zuletzt helfen soziale Anker. Wenn ein Produkt in einen sozialen Rahmen eingebettet wird – durch Teams, Wettbewerbe, Vergleichsfunktionen – entsteht eine psychologische Verflechtung, die den Wert des Produkts über die Einzelnutzung hinaus steigert.

Ein konkretes Beispiel: Eine Lernplattform litt unter hohen Drop-off-Raten nach dem ersten absolvierten Kurs. Nach psychologischer Analyse stellte sich heraus, dass die Nutzer sich nicht als aktive Lerner sahen, sondern lediglich als einmalige Konsumenten. Die Lösung war eine Reframing-Strategie: Die Nutzer wurden als "Teil der NextGen-Klasse" begrüßt, erhielten personalisierte Fortschrittsberichte und konnten an sozialen Challenges teilnehmen. Das Ergebnis: eine deutlich höhere Retention und Completion Rate (abgeschlossene Aktivitäten).

Retention beginnt im Kopf nicht im Code

Retention ist kein technisches Nebenprodukt, sondern ein emotionaler Prozess. Wer Nutzer halten will, muss ihre psychologischen Bedürfnisse verstehen und gestalten. Fortschritt, Bedeutung, soziale Einbindung, Selbstwirksamkeit: All das lässt sich durch gute Produktstrategie gezielt verstärken.

Die wichtigste Einsicht dabei: Nutzer bleiben nicht, weil sie müssen, sondern weil sie *wollen*. Und dieser Wille ist kein Zufall. Er ist das Ergebnis einer Erfahrung, die sich richtig anfühlt. Produkte, die das verstehen, schaffen Bindung jenseits von Funktionen. Und genau das ist die wahre Kunst psychologisch fundierter Retention.

7 Psychologie in KPIs übersetzen – Messen, was wirklich wirkt

Was du nicht messen kannst, kannst du nicht steuern

Im datengetriebenen Produktmanagement gilt Messen als oberstes Gebot. Doch oft wird gemessen, was zählbar ist, nicht, was zählt. Klicks, Verweildauer, Conversion Rates und Retention sind ohne Zweifel wichtige Metriken. Aber sie erfassen in der Regel nur sichtbares Verhalten, nicht die psychologischen Ursachen dahinter. Wenn wir verstehen wollen, *warum* Menschen ein Produkt nutzen, es weiterempfehlen oder abbrechen, müssen wir tiefer blicken. Die Psychologie liefert hier entscheidende Antworten.

Psychologie in KPIs zu übersetzen bedeutet, weiche Faktoren wie Vertrauen, Motivation oder Selbstwirksamkeit zu operationalisieren. Es geht nicht darum, Emotionen zu quantifizieren wie Aktienkurse. Sondern darum, Indikatoren zu identifizieren, die uns Rückschlüsse auf psychologische Dynamiken erlauben. Denn nur so lässt sich das Verhalten von Nutzern *verstehen*, nicht nur dokumentieren.

Der blinde Fleck der klassischen KPI-Logik

Viele Produktteams tappen in drei typische Denkfehler:

Erstens: Sie verwechseln Korrelation mit Kausalität. Nur weil ein KPI steigt, bedeutet das nicht automatisch, dass eine Maßnahme gewirkt hat. Oft liegt die eigentliche Ursache in einem externen oder psychologischen Faktor.

Zweitens: Es wird vor allem das gemessen, was leicht messbar ist. Doch das, was wirklich wirkt – Vertrauen, Relevanz, Frustration, Identifikation – bleibt unsichtbar. Wer hier nicht ansetzt, optimiert an der Oberfläche, nicht am Kern.

Drittens: Es wird zwischen Output und Outcome nicht ausreichend differenziert. Ein Anstieg der Klickrate bedeutet nicht automatisch, dass der Nutzer einen Mehrwert erfahren hat. Echte Wirkung zeigt sich erst im Outcome: Hat der Nutzer sein Ziel erreicht? Fühlt er sich verstanden? Ist er bereit zur Wiederholung oder Empfehlung?

Sechs Kategorien für psychologisch fundierte KPIs

Ein systematischer Zugang zur Psychologie in KPIs beginnt mit der Differenzierung nach Wirkungsebenen. Es gibt Metriken, die uns Hinweise auf emotionale Reaktionen geben, auf mentale Belastung, auf Motivation, auf Vertrauen oder auf Identifikation. Sechs exemplarische Kategorien verdeutlichen, wie sich psychologische Phänomene abbilden lassen:

Emotional Activation Rate: Diese Metrik zeigt, wie viele Nutzer spontan emotional reagieren. Dazu zählen etwa Feedback-Kommentare, Bookmarks, das Teilen von Inhalten oder andere Ausdrucksformen, die über das reine Klicken hinausgehen. Sie ist ein Indikator für emotionale Resonanz.

Cognitive Load Index: Hier geht es um die kognitive Belastung bei zentralen Nutzungsschritten. Wie viele Nutzer brechen ab? Wie lange verweilen sie an bestimmten Stellen? Wie komplex ist die jeweilige Aufgabe? Diese Faktoren lassen sich über einen Task Complexity Score modellieren.

Motivational Drop-Off Curve: Diese Metrik analysiert, an welchen Stellen Nutzer ihr Verhalten beenden oder ihre Motivation verlieren. Besonders hilfreich ist sie bei Onboarding-Flows, Conversion Funnels oder Lernprozessen. Sie zeigt, wo Erwartung und Erfahrung auseinanderfallen.

Self-Efficacy Score: Nutzer müssen glauben, dass sie mit dem Produkt ihre Ziele erreichen können. Dies lässt sich über Skalenabfragen, wiederkehrende Nutzungsmuster oder gelöste Aufgaben operationalisieren.

Psychological Retention Driver Score: Warum bleiben Nutzer? Was ist der psychologische Bindungskern? Über qualitative Clusteranalysen und quantitative Ranking-Umfragen lassen sich die relevanten Gründe identifizieren, etwa Zugehörigkeit, Gewohnheit oder Stolz.

Trust Thermometer: Vertrauen lässt sich erfassen, wenn man gezielt fragt. Etwa nach subjektivem Sicherheitsempfinden, nach Reaktionen auf kritische UI-Elemente oder durch Kontext-Differenzierung des NPS.

Von der Hypothese zur Metrik

Um psychologische KPIs wirksam zu machen, braucht es eine methodische Herangehensweise. Der erste Schritt ist die Hypothese: Was glauben wir, wie eine bestimmte Gestaltung wirkt? Ein Beispiel: Wenn das Onboarding Vertrauen aufbaut, sollte die Completion Rate in Woche 1 steigen.

Im zweiten Schritt übersetzen wir diese Hypothese in Indikatoren. Welche Signale könnten darauf hinweisen, dass Vertrauen gestärkt wurde? Vielleicht eine höhere Verweildauer, mehr Klicks auf Erklärungstexte, weniger Abbrüche oder direkte Rückmeldungen.

Im dritten Schritt braucht es ein Messsystem. Die Kombination aus quantitativen und qualitativen Daten ist hier entscheidend. Nutzungsdaten geben Breite, Interviews und Textanalysen geben Tiefe.

Viertens müssen Feedback-Zyklen geschaffen werden. Nicht nur nach großen Releases, sondern kontinuierlich. Tools wie In-App-Fragen, Heatmaps, NPS-Differenzierungen oder Spontanfeedbacks liefern wertvolle Hinweise.

Schließlich sollte ein "Dashboard der Wirkung" entstehen. Es zeigt nicht nur, *was* passiert, sondern *warum*. Kategorien wie Emotion, Motivation, Friktion, Klarheit oder Identifikation schaffen Orientierung.

Praxisbeispiel: Von Daten zu Wirkung

Ein Anbieter für digitale Finanzberatung wunderte sich: Trotz guter erster Kontaktzahlen konvertierten viele Nutzer nicht. Die klassischen KPIs zeigten keine Schwäche. Eine psychologisch orientierte Analyse brachte neue Erkenntnisse:

Die kognitive Belastung im Analyseprozess war hoch. Nutzer brachen nicht aus Desinteresse ab, sondern weil sie überfordert waren. Zusätzlich zeigte sich, dass die Self-Efficacy bei Einsteigern gering war. Viele Nutzer trauten sich nicht zu, das Tool korrekt zu bedienen. Zudem war das Vertrauen in kritischen Fragen (z. B. Datenschutz) schwach ausgeprägt.

Die Maßnahmen folgten auf Basis dieser Erkenntnisse: Die Sprache wurde vereinfacht, ein virtueller Assistent eingeführt, sensible Datenabfragen mit verstärkten Vertrauenselementen gerahmt. Die Wirkung war messbar: Conversion +34 %, Absprungrate –39 %, NPS +21 Punkte.

Sehen, was wirklich wirkt

Psychologie und KPIs sind keine Gegensätze. Im Gegenteil: Wer die Psychologie ignoriert, misst am Ziel vorbei. Wer sie einbezieht, erkennt tiefer, steuert präziser und gestaltet wirksamer. Denn das, was nicht messbar scheint, ist oft das, was am meisten wirkt. Man muss nur wissen, wo man hinschaut.

8 Die Zukunft antizipieren – Vorstellungskraft als strategisches Asset

Warum Strategie mehr als Analyse braucht

In der heutigen Welt scheint alles messbar, prognostizierbar und optimierbar. KPIs, Dashboards, Business Cases und Datenmodelle haben einen hohen Stellenwert in der strategischen Arbeit von Produktteams. Doch all diese Werkzeuge zeigen nur das, was *schon ist*. Sie beschreiben die Gegenwart oder bestenfalls eine extrapolierte Variante davon. Was sie nicht leisten: Das Denken in radikal neuen Möglichkeiten. Und genau hier beginnt die Rolle der Vorstellungskraft.

Vorstellungskraft ist der vielleicht am meisten unterschätzte strategische Rohstoff in Produktentwicklung und Unternehmensstrategie. Sie wird oft als intuitiv, vage oder irrational abgetan. Dabei ist sie das Gegenteil: ein hochwirksames, strukturierbares Instrument, um komplexe Zukünfte zu denken, strategische Optionen zu entwickeln und Innovation zu ermöglichen. Wer Vorstellungskraft gezielt einsetzt, übersetzt Unsicherheit in Möglichkeit.

Was Vorstellungskraft im strategischen Kontext bedeutet

Strategische Vorstellungskraft ist mehr als kreatives Brainstorming. Es geht nicht um bunte Post-its oder spontane Geistesblitze, sondern um die Fähigkeit, Muster weiterzudenken, Zukunft aus Gegenwart abzuleiten und gleichzeitig Neues zu antizipieren, das sich aus bestehenden Dynamiken noch gar nicht logisch ergibt. Gute Vorstellungskraft basiert nicht auf Fantasie, sondern auf tiefer Musterkenntnis. Wer viele Systeme kennt, erkennt früher, welche neuen Systeme plausibel werden könnten.

Ein zentrales Element ist dabei die Technik des Perspektivwechsels: Vorstellungskraft erlaubt es, aus der Nutzerperspektive von übermorgen zu denken, Annahmen zu hinterfragen und neue Frageräume zu öffnen. Sie denkt nicht linear, sondern systemisch. Nicht wahrscheinlich, sondern möglich. Und sie stellt weniger die Frage "Was ist realistisch?", sondern: "Was wäre sinnvoll zu gestalten?"

Vorstellungskraft als Methode: Wie sie trainierbar wird

Viele Teams glauben, Vorstellungskraft sei eine individuelle Gabe. Doch sie ist trainierbar, durch Struktur, Methode und strategisches Framing. Szenario-Techniken helfen, Zukünfte jenseits linearer Trends zu denken. Backcasting erlaubt es, von einem Zielzustand rückwärts zu planen. Vision Sprints schaffen in kurzer Zeit narrative Zukunftsbilder, die Orientierung und Energie geben.

Auch die Arbeit mit Zukunfts-Personas – also fiktiven Nutzerprofilen aus künftigen Kontexten – hilft, psychologische Spannungen von morgen sichtbar zu machen: Welche Bedürfnisse, Sorgen, Werte werden relevant? Welche neuen Anforderungen entstehen an das Produkt, nicht nur funktional, sondern auch emotional?

Warum es ohne Vorstellungskraft nicht geht

Unternehmen, die rein reaktiv agieren, verlieren Gestaltungsmacht. Strategie wird dann zur Verwaltung des Wahrscheinlichen. Wer aber Vorstellungskraft einsetzt, gewinnt einen entscheidenden Vorteil: Er denkt, bevor andere denken. Er erkennt Optionen, wo andere nur Risiken sehen. Und er baut Produkte, die nicht nur Lösungen für heutige Probleme sind, sondern Plattformen für kommende Möglichkeiten.

Fehlende Vorstellungskraft zeigt sich nicht im Fehlen von Innovation, sondern im Mangel an Differenzierung. Produkte wirken generisch, weil keine mutige, glaubwürdige Vision dahintersteht. Roadmaps werden zu Feature-Listen, Strategien zu KPI-Dashboards. Doch Differenzierung entsteht nicht durch Geschwindigkeit oder Perfektion, sondern durch Bedeutung. Und Bedeutung beginnt mit Vorstellungskraft.

Praxisbeispiel: Vision als Katalysator

Ein SaaS-Unternehmen stand trotz guter Metriken vor einem strategischen Stillstand. Alles lief, aber nichts bewegte sich. Das Team entwickelte gemeinsam ein radikales Szenario: "Wie würde unser Produkt aussehen, wenn es 10-fach mehr

Wirkung auf das Leben unserer Nutzer hätte?" Aus dieser Fragestellung entstand die Vision eines intelligenten, kontextsensitiven Assistenzsystems. Es war mehr als ein Feature, es war ein Perspektivwechsel.

Diese Vision wurde zur strategischen Leitidee. Neue Features ordneten sich ihr unter. Das Marketing bekam eine neue Geschichte. Und die Kunden fühlten den Unterschied: Das Produkt war nicht mehr nur Tool, sondern Partner. Ergebnis: Starker Zuwachs bei Retention, Markenbindung und MRR (Monthly Recurring Revenue).

Vorstellungskraft als Zukunftsinvestition

Vorstellungskraft kostet nichts, aber sie ist unbezahlbar. Sie braucht Zeit, Mut und Disziplin. Doch ihre Wirkung ist enorm. Teams mit hoher Vorstellungskraft sind resilienter in unsicheren Zeiten, kreativer bei der Lösung komplexer Probleme und schneller darin, strategische Chancen zu erkennen.

Wer Vorstellungskraft zur Kernkompetenz macht, investiert nicht nur in Ideen, sondern in kulturelle Souveränität. Das bedeutet: Die Fähigkeit, in einer Welt ständiger Veränderung nicht nur mitzuhalten, sondern den eigenen Kurs zu bestimmen. Vorstellungskraft ist dann kein "Nice to have" mehr, sondern ein strategisches Asset.

Gestaltungskraft beginnt im Kopf

Die Zukunft ist kein Ort, den man erreicht. Sie ist ein Raum, den man gestaltet. Vorstellungskraft ist der erste Schritt in diesen Raum. Sie ersetzt keine Analyse, keine Metrik, keine operative Exzellenz. Aber sie gibt all dem eine Richtung. Wer strategische Entscheidungen treffen will, muss vorher eine Vorstellung haben, von dem, was möglich, sinnvoll und gestaltbar ist. Vorstellungskraft macht aus Strategie ein Gestaltungsinstrument. Und aus Produktentwicklung eine kulturelle Aufgabe.

9 Das unsichtbare Produktteam: Wie innere Haltung Output bestimmt

Output ist nicht nur ein Produkt von Tools und Prozessen

In vielen Unternehmen wird Produktivität mit Tools, Prozessen und Methoden gleichgesetzt. Agile Methoden, Retrospektiven, Sprints, Stand-ups, Kanban-Boards und automatisierte Deployments gelten als der Schlüssel zu Effizienz und Innovation. Und ja, all das hat seinen Wert. Doch oft erleben wir, dass trotz ausgefeilter Methoden und sauberer Prozesse die Produktqualität stagniert. Es wird geliefert, aber nicht gelernt. Es wird released, aber nicht genutzt. Warum?

Der blinde Fleck liegt nicht in der Methodik, sondern im Mindset. Genauer gesagt: in der inneren Haltung des Teams. Die Haltung, mit der Menschen arbeiten, ist der unsichtbare Treiber für das, was entsteht. Sie beeinflusst, wie Entscheidungen getroffen, wie Probleme definiert und wie Nutzer wahrgenommen werden. Wer sich ausschließlich auf Strukturen verlässt, ohne an der Haltung zu arbeiten, optimiert Symptome und nicht Ursachen.

Haltung als psychologischer Kern der Produktarbeit

Haltung ist mehr als eine Meinung oder Stimmung. Sie ist die tieferliegende Überzeugung, mit der ein Team auf die Welt blickt. Diese Überzeugung formt, wie ein Problem wahrgenommen wird, welchen Wert man der Nutzerperspektive beimisst und wie viel Mut man für unkonventionelle Lösungen aufbringt.

Ein Team, das glaubt, es sei vor allem für Code verantwortlich, wird Entscheidungen anders treffen als ein Team, das sich für die Wirkung beim Nutzer zuständig fühlt. Haltung entscheidet, wie viel Verantwortung jemand zu tragen bereit ist und wie viel Einfluss er sich selbst zutraut.

Besonders deutlich wird Haltung in kritischen Momenten: Wenn etwas scheitert, wenn Unsicherheit herrscht, wenn sich niemand zuständig fühlt. Hier zeigt sich, wie tief eine Haltung wirklich verankert ist. Ist das Team fähig, aus Fehlern zu lernen? Oder werden Schuldige gesucht? Wird Verantwortung übernommen oder delegiert?

Drei Haltungs-Typen und ihre Grenzen

In der Praxis begegnen uns oft drei Grundhaltungen:

Ein technisch geprägtes Team stellt die Frage: "Was können wir bauen?" Es denkt in Code, APIs und Systemarchitekturen. Das bringt Effizienz, aber oft auch eine gewisse Blindheit für den Nutzer. Features werden gebaut, weil sie technisch möglich sind, nicht weil sie gebraucht werden.

Ein businesszentriertes Team fragt: "Was bringt Umsatz?" Es denkt in KPIs, Conversion Rates und Monetarisierung. Strategisch stark, aber mit der Gefahr, kurzfristig zu optimieren und dabei Vertrauen oder Nutzerbindung zu riskieren.

Ein nutzerzentriertes Team wiederum denkt vom Menschen her: "Was brauchen unsere Nutzer wirklich?" Empathisch, feedbackoffen und relevant. Doch auch hier lauern Fallen: Überbedienung, Perfektionismus, Scope-Explosion.

Reife Teams schaffen es, diese drei Perspektiven auszubalancieren. Sie reflektieren, wann welche Haltung hilfreich ist, und entwickeln ein gemeinsames Verständnis für Prioritäten.

Psychologische Hebel im Teamalltag

Was macht eine produktive Haltung konkret aus? Psychologische Sicherheit ist ein zentraler Faktor: Nur in einem Umfeld, in dem man offen sprechen kann, ohne sich zu fürchten, entsteht echte Innovation. Fehlertoleranz ist hier nicht Schwäche, sondern Grundlage für Lernprozesse.

Ebenso entscheidend ist kognitive Diversität: Teams, die aus verschiedenen Perspektiven denken, treffen bessere Entscheidungen. Doch das funktioniert nur, wenn Metareflexion stattfindet, also die bewusste Auseinandersetzung mit der eigenen Denkweise.

41

Ein weiterer Schlüssel liegt in der Entscheidungsmentalität: Proaktive Teams warten nicht auf vollständige Sicherheit, sondern treffen mutige Entscheidungen auf Basis begründeter Hypothesen. Sie verstehen sich nicht als Befehlsempfänger, sondern als Mitgestalter.

Und nicht zuletzt: Die Frage nach Verantwortung. Fühlt sich ein Team verantwortlich für das, was es entwickelt oder nur für das, was es liefert? Produktverantwortung bedeutet, nicht nur Code zu shippen, sondern Wirkung zu erzeugen.

Haltung sichtbar machen und entwickeln

Wie kann man Haltungen im Team sichtbar machen? Ein bewährtes Mittel ist der Haltungs-Canvas. Er hilft, implizite Annahmen zu explizieren: Was glauben wir über unsere Nutzer? Was über Erfolg? Was über unser eigenes Produkt? Die Antworten zeigen, wo sich Denkfallen oder unausgesprochene Dogmen verstecken.

Ergänzt wird dies durch psychologische Retrospektiven: Nicht nur "Was lief gut?", sondern "Was hat uns blockiert?" oder "Wann waren wir mutig?" – Fragen, die auf emotionale Muster zielen und echte Erkenntnisse fördern.

Wertvoll sind auch narrative Analysen: Welche Geschichten erzählt sich das Team über sich selbst? "Wir liefern immer zu spät" oder "Wir sind halt ein technisches Team" sind nicht nur Aussagen, sondern selbsterfüllende Prophezeiungen. Diese Narrative zu erkennen und bewusst zu verändern, ist ein kraftvoller Schritt zu neuer Teamidentität.

Kulturwandel durch Haltungsarbeit: Ein Praxisbeispiel

Ein mittelständisches Softwareunternehmen hatte in den letzten zwei Jahren solide Produkte gebaut, aber kaum Wachstum erzielt. Interne Analysen zeigten: Zwar waren Methoden und Prozesse klar definiert, aber die Haltung war passiv. "Wir machen, was beauftragt wird" war das vorherrschende Narrativ. Nutzerinteraktion fand kaum statt, Innovation wurde als Luxus betrachtet.

Mit externer Moderation wurde ein Haltungsprozess gestartet. Teams entwickelten eigene Narrative: "Wir wollen Wirkung erzeugen", "Wir sind mitverantwortlich für Relevanz". Produktideen wurden nicht mehr top-down definiert, sondern aus realen Nutzerbedürfnissen abgeleitet. Entwickler nahmen an Interviews teil, Designer diskutierten Business-Impact. Die neue Haltung wirkte tief: Zwei neue Produkte entstanden, die innerhalb von sechs Monaten mehr Umsatz generierten als die vorherigen drei Jahre zusammen.

Haltung ist das Fundament strategischer Produktentwicklung

Die Qualität eines Produkts beginnt lange vor dem ersten Commitment. Sie beginnt in der Haltung des Teams. Diese Haltung ist der unsichtbare Code, der entscheidet, ob man sich traut, verstanden und verbunden fühlt. Ob Entscheidungen mutig, Nutzer relevant und Lösungen wirksam sind.

Wer als Produktverantwortlicher wirklich gestalten will, braucht mehr als Methodenwissen. Er braucht psychologisches Bewusstsein. Und den Mut, Haltung nicht als Soft Skill zu behandeln, sondern als strategisches Fundament.

10 Der Strategie-Kompass: Ein Rahmen für psychologisch fundierte Produktentscheidungen

Orientierung in der Komplexität

Produktentwicklung ist voller Methoden, Frameworks und Best Practices. Agile, Lean, Design Thinking, OKRs, sie alle versprechen Orientierung. Doch je mehr Tools zur Verfügung stehen, desto höher ist die Gefahr, das Wesentliche aus dem Blick zu verlieren: den Menschen, seine Bedürfnisse, seine Psychologie. Strategische Klarheit droht im operativen Aktionismus zu versinken. Was fehlt, ist kein weiteres Tool. Was fehlt, ist ein *Kompass*.

Ein Kompass gibt keine exakte Route vor. Er zeigt Himmelsrichtungen. Und genau das tut der Strategie-Kompass: Er ist kein starres Modell, sondern ein psychologisch fundierter Bezugsrahmen, der hilft, in komplexen Situationen klare, fundierte Entscheidungen zu treffen. Er verbindet Systemdenken mit Nutzerpsychologie und Produktstrategie und schafft damit einen strategischen Resonanzraum für wirksame Produktentscheidungen.

Die vier Himmelsrichtungen des Kompasses

Im Zentrum des Strategie-Kompasses stehen vier Himmelsrichtungen, die jeweils eine strategische Perspektive verkörpern:

Norden: Menschliches Verhalten verstehen

Alles beginnt beim Nutzer. Doch statt nur zu fragen, *was* er will, fragt der Kompass: *Warum* handelt er, wie er handelt? Welche Bedürfnisse, Emotionen, Frustrationen und impliziten Motive liegen seinem Verhalten zugrunde? Psychologische Tiefenmechanismen wie Kontrollbedürfnis, Sicherheitsstreben oder soziale Zugehörigkeit geben Aufschluss darüber, welche Entscheidungen ein Mensch trifft und welche nicht. Instrumente wie Empathy Maps, verhaltensorientierte Interviews oder Needs-Cluster machen diesen psychologischen Kern sichtbar.

Osten: Systemische Dynamik erkennen

Produkte existieren nie isoliert. Sie sind Teil eines dynamischen Systems: mit Rückkopplungen, Wechselwirkungen und unerwarteten Nebenwirkungen. Jede Entscheidung an einer Stelle hat Folgen an einer anderen. Der Kompass fragt: Welche Effekte erzeuge ich im System? Welche Spannungen, welche Synergien? System-Maps, Einflussdiagramme oder Emergenz-Analysen helfen, das große Ganze sichtbar zu machen und dadurch klügere Entscheidungen zu treffen, die nicht nur kurzfristig wirken, sondern langfristig tragen.

Süden: Emotionale Wirkung gestalten

Produkte sind Erlebnisse. Und jedes Erlebnis hat eine emotionale Wirkung. Der Kompass fragt: *Was fühlt der Nutzer und wann?* Welche emotionalen Zustände erzeugen wir – Vertrauen, Frust, Begeisterung, Orientierung, Kontrolle? Ziel ist es, die emotionale Reise des Nutzers bewusst zu gestalten: vom ersten Kontakt bis zur langfristigen Nutzung. Werkzeuge wie Emotional Journey Maps, Motivationsanalysen oder Trigger-Design machen sichtbar, wie emotionale Erlebnisse entstehen und wie man sie beeinflussen kann.

Westen: Wirkung messen und lernen

Wirkung zeigt sich nicht nur in Zahlen, sondern in Veränderung. Der Kompass fordert: Miss nicht nur Output, sondern Outcome. Nicht nur Klicks, sondern psychologische Wirkung. Hier kommen psychologisch fundierte KPIs ins Spiel: Vertrauen, Selbstwirksamkeit, kognitive Leichtigkeit. Ergänzt durch qualitative Feedbacks, Interviews und Spontanreaktionen entsteht ein tiefes Verständnis dafür, was wirkt und warum. Lernen wird so zur strategischen Routine.

Das Zentrum: Der Sinn des Produkts

Im Zentrum des Kompasses steht eine Frage, die alles andere ausrichtet:

Welchen Beitrag leistet dieses Produkt für ein besseres Leben der Nutzer und warum ist das wichtig?

Diese Frage zwingt zur Essenz. Sie schneidet durch Noise, Moden und Business-Ziele hindurch. Produkte, die diese Frage beantworten können, haben eine Seele. Und diese Seele wird spürbar: in der Kommunikation, im Design, im Teamverhalten. Produkte mit Sinn wirken anders, innen wie außen. Und sie schaffen eine neue Form von Loyalität: Weil sie nicht nur genutzt, sondern als sinnvoll erlebt werden.

Anwendung in der Praxis

Wie funktioniert der Strategie-Kompass im Alltag? Nehmen wir ein konkretes Beispiel: Ein Health-Tech-Unternehmen will ein Gamification-Feature zur Steigerung der Nutzerbindung einbauen. Klassische Roadmap-Logik würde fragen: Haben wir die Kapazitäten? Gibt es Benchmarks? Welche Features machen Wettbewerber?

Der Kompass fragt anders:

- *Norden:* Was treibt unsere Nutzer wirklich an? Analyse zeigt: Kontrolle und Klarheit sind wichtiger als Wettbewerb.

- *Osten:* Welche Auswirkungen hätte Gamification auf andere Nutzergruppen? Möglicher Ausschluss von älteren Zielgruppen.

- *Süden:* Wie würde sich das Feature anfühlen? Erste Tests zeigen: eher Druck als Motivation.

- *Westen:* Welche Wirkung erwarten wir? Frühere Prototypen hatten keine messbare Verbesserung bei Retention.

Die Entscheidung: Statt Gamification ein neues Fortschritts-Tracking mit Fokus auf Selbstbestätigung und Sinnhaftigkeit. Ergebnis: Höhere Nutzerzufriedenheit, bessere Bindung, stärkere emotionale Identifikation.

Denken, Entscheiden, Wirken

Der Strategie-Kompass ist keine Methode. Er ist ein Denkmodell, das Klarheit schafft. Er ersetzt keine Tools, aber er ordnet sie ein. Er gibt Struktur, wo Unsicherheit herrscht. Und er rückt das in den Mittelpunkt, worauf es wirklich ankommt: den Menschen. Seine Psychologie. Seine Wirklichkeit. Seine Emotionen.

Wenn du den Kompass nutzt, wirst du anders entscheiden. Menschlicher. Weitsichtiger. Wirksamer. Denn gute Strategie beginnt nicht im Backlog, sondern im Denken. Und genau dort verändert der Kompass deine Perspektive.

11 Entscheidungsmuster im Team: Kognitive Verzerrungen erkennen und nutzen

Der unsichtbare Einfluss auf Produktentscheidungen

Viele Produktentscheidungen wirken auf den ersten Blick rational: Es gibt Zahlen, ein Stakeholder brieft klar, und das Team trifft gemeinsam eine Entscheidung. Doch die Realität ist komplexer. Denn unter dieser scheinbaren Rationalität arbeiten psychologische Kräfte, die oft unbemerkt bleiben. Kognitive Verzerrungen, soziale Dynamiken und mentale Abkürzungen beeinflussen unser Denken. Besonders dann, wenn es schnell gehen muss oder Unsicherheit besteht.

Diese Einflüsse zu ignorieren, ist riskant. Wer sie nicht erkennt, tappt immer wieder in dieselben Denkfallen. Entscheidungen erscheinen logisch, sind aber geprägt von unbewussten Vorannahmen. Wer dagegen versteht, wie diese Verzerrungen wirken, kann fundierter entscheiden, sein Team gezielter steuern und vermeiden, dass gute Ideen an systematischen Denkfehlern scheitern.

Was sind kognitive Verzerrungen und warum betreffen sie jedes Team?

Kognitive Verzerrungen (Biases) sind keine Ausnahmen, sondern Grundmerkmale unseres Denkens. Unser Gehirn ist darauf ausgelegt, mit möglichst wenig Aufwand Entscheidungen zu treffen. Dabei helfen uns sogenannte Heuristiken, mentale Abkürzungen, die in alltäglichen Situationen nützlich sind. In der Produktentwicklung aber, wo Entscheidungen oft komplex, langfristig und mit vielen Unbekannten verbunden sind, können diese Abkürzungen schnell in die Irre führen.

So kann etwa ein einziger emotionaler Kundenvorfall genügen, um eine ganze Prioritätenliste durcheinanderzubringen. Oder ein Team hält an einem Feature fest, weil schon so viel Arbeit darin steckt, obwohl die Daten zeigen, dass kaum jemand es nutzt. Typisch ist auch, dass die erste genannte Idee als Referenzrahmen für alles Weitere dient, selbst wenn sie wenig belastbar ist. In harmonischen Teams wiederum kann der Wunsch nach Konsens kritisches Denken blockieren.

Diese Effekte sind nicht das Ergebnis schlechter Kultur, sie sind zutiefst menschlich. Genau deshalb braucht es Mechanismen, die diese Verzerrungen nicht nur erkennen, sondern aktiv in den Entscheidungsprozess einbeziehen und entschärfen.

Typische Muster und was sie im Team anrichten

Viele Verzerrungen wirken subtil. Der *Confirmation Bias* etwa führt dazu, dass wir Informationen suchen, die unsere Sichtweise stützen. In der Praxis heißt das: Nutzerfeedback wird so interpretiert, dass es zur eigenen Hypothese passt. Statt den echten Bedarf zu hinterfragen, wird die eigene Idee bestätigt, scheinbar objektiv.

Die *Sunk Cost Fallacy* ist ebenso verbreitet: Wenn bereits viele Ressourcen in ein Feature investiert wurden, fällt es schwer, sich davon zu lösen. Rational betrachtet wäre ein Abbruch konsequent, emotional erscheint es wie ein Verlust.

Auch der *Status Quo Bias* hat Folgen: Statt mutige, neue Lösungen zu entwickeln, wird Bestehendes bevorzugt. Das sorgt für Stabilität, verhindert aber oft den notwendigen Wandel. Innovationszyklen werden länger, Entscheidungen vorsichtiger.

Der *Availability Bias* wiederum tritt auf, wenn besonders einprägsame Beispiele unsere Wahrnehmung verzerren. Ein lauter Kunde äußert Kritik und das Team ändert ein zentrales Feature. Die Entscheidung wirkt datenbasiert, ist aber emotional getrieben.

Ein weiteres Phänomen ist das sogenannte *Anchoring*: Die erste Zahl oder Schätzung beeinflusst alle folgenden. Wer sagt „drei Monate Aufwand", setzt einen Maßstab, selbst wenn die spätere Analyse ein anderes Bild zeigt.

Und schließlich: *Groupthink*. Teams, die gut harmonieren, neigen dazu, Widerspruch zu vermeiden. Kritische Gedanken bleiben unausgesprochen. Entscheidungen entstehen im Konsens, aber nicht immer aus Klarheit.

Wege zu mehr Bewusstsein und besseren Entscheidungen

Kognitive Verzerrungen lassen sich nicht abschalten, aber sie lassen sich einhegen. Der erste Schritt ist Bewusstheit: Regelmäßige Metareflexionen helfen, typische Muster zu erkennen. In Meetings kann eine einfache Frage helfen: "Gibt es gerade eine kognitive Falle, in die wir tappen könnten?"

Hilfreich ist auch die bewusste Einführung einer Gegenposition. Wer im Team reihum die Rolle des Advocatus Diaboli übernimmt, stellt sicher, dass jede Entscheidung kritisch hinterfragt wird, nicht destruktiv, sondern mit dem Ziel, blinde Flecken zu identifizieren.

Ein starkes Werkzeug ist die sogenannte Pre-Mortem-Methode. Das Team versetzt sich in die Zukunft und fragt: "Das Projekt ist gescheitert – warum?" Diese Denkweise umgeht die typischen Schutzreflexe und ermöglicht ein deutlich tieferes Problembewusstsein.

Auch die Art, wie wir Tests und Experimente aufsetzen, spielt eine Rolle. Wer im Vorfeld festlegt, welche Ergebnisse als valide gelten, reduziert das Risiko selektiver Wahrnehmung. Confirmation Bias wirkt oft besonders stark dort, wo Teams testen, *um zu bestätigen*, nicht *um zu lernen*.

Ein weiterer Hebel liegt in der Teamstruktur selbst. Unterschiedliche Perspektiven und Erfahrungen reduzieren das Risiko von Groupthink. Diversität wirkt hier nicht nur auf sozialer, sondern vor allem auf kognitiver Ebene. Unterschiedliche Denkstile erzeugen Reibung und Reibung erzeugt Erkenntnis.

Nicht zuletzt sollte jede Entscheidung dokumentiert werden. Nicht nur *was*, sondern *warum* entschieden wurde. Diese Praxis erleichtert spätere Lernprozesse und macht Bias-Muster rückblickend sichtbar. Wer regelmäßig zurückblickt, erkennt: Welche Entscheidungen waren klug? Welche waren geprägt von Druck, Eile oder Gruppendynamik?

Wenn Bias auf Realität trifft: Ein Beispiel aus der Praxis

Ein wachsendes B2B-Startup stand vor der Einführung eines neuen Dashboard-Features. Die Hypothese: Kunden wollen tiefere Einblicke und komplexere Visualisierungen. Erste Reaktionen aus Tests waren vorsichtig positiv – „interessant", „sieht gut aus". Das Team wertete das als Bestätigung.

Doch die Zahlen erzählten eine andere Geschichte. Die Nutzung lag bei 2 %, die Wiederkehrrate bei null. Ein neutraler Zweittest mit gezielten Interviews zeigte: Die Kunden wollten nicht mehr, sondern weniger, weniger Komplexität, weniger Klicks, weniger Ablenkung.

Das Feature wurde angepasst, radikal vereinfacht. Der Effekt: Adoption stieg um 27 %, die Abwanderung sank um 14 %. Der Unterschied lag nicht in der Technologie, sondern in der Fähigkeit, den eigenen Confirmation Bias zu überwinden.

Psychologische Qualität als Wettbewerbsvorteil

Gute Entscheidungen entstehen nicht im luftleeren Raum. Sie entstehen im Spannungsfeld zwischen Rationalität und Psychologie. Wer seine Muster kennt, kann damit arbeiten, statt ihnen ausgeliefert zu sein. Biases sind kein Fehler im System, sondern Teil davon. Aber nur, wenn man sie versteht, lassen sie sich auch gestalten.

Deshalb gilt: Strategie beginnt nicht bei den Zahlen. Sondern beim Denken über das Denken. Und wer darin besser wird, baut nicht nur bessere Produkte, sondern auch resilientere Teams und fundiertere Organisationen.

12 Friction als strategisches Werkzeug: Warum Widerstand manchmal wirkt

Reibung ist nicht das Problem, sondern oft die Lösung

In der UX-Welt gilt Reibung oder auf Englisch "Friction", meist als etwas Negatives. Nutzer sollen möglichst wenig Aufwand haben, alles soll schnell, reibungslos und intuitiv funktionieren. Doch diese Sichtweise ist zu einseitig. Denn Reibung ist nicht per se schlecht. Im Gegenteil: Wenn sie gezielt und mit psychologischem Feingefühl eingesetzt wird, kann sie das Nutzerverhalten positiv beeinflussen.

Reibung wirkt als psychologisches Designinstrument. Richtig eingesetzt, verbessert sie die Qualität von Entscheidungen, stärkt das Vertrauen in ein Produkt und schützt vor impulsiven Fehlern. Produkte, die ausschließlich auf Effizienz und Geschwindigkeit setzen, laufen Gefahr, oberflächlich zu bleiben. Nutzer klicken sich durch, ohne wirklich zu verstehen, was sie tun. Entscheidungen werden getroffen, ohne reflektiert zu werden. Und genau hier liegt das Potenzial von Friction: Sie zwingt zur Auseinandersetzung.

Ein Beispiel: Eine Sicherheitsabfrage beim Löschen eines Kontos ist keine UX-Hürde, sondern ein Zeichen von Respekt gegenüber der Entscheidung des Nutzers. Sie sagt: „Diese Handlung ist endgültig. Bitte sei dir sicher." Diese Art von Reibung erzeugt Ernsthaftigkeit. Sie verlangsamt bewusst, um zu klären, nicht um zu behindern.

Die Psychologie hinter Friction

Reibung wirkt, weil sie unser Denken beeinflusst, genauer gesagt: weil sie uns zwingt, zwischen zwei Denkmodi zu wechseln. In der Psychologie (Daniel Kahneman) spricht man vom sogenannten „System 1" (schnelles, intuitives Denken) und „System 2" (langsames, reflektiertes Denken). Friction aktiviert System 2. Plötzlich wird nicht mehr nur „geklickt", sondern gedacht. Diese Aktivierung führt zu besseren, bewussteren Entscheidungen.

Zugleich wirkt Friction als Commitment-Verstärker. Wer mehr Aufwand in eine Entscheidung steckt, identifiziert sich stärker damit. Dieses Phänomen kennt man auch als IKEA-Effekt: Was man selbst zusammensetzt, wird höher geschätzt. Auch in der digitalen Produktwelt gilt: Eine kleine Hürde kann Bindung fördern, wenn sie sinnvoll erscheint.

Ein weiterer Effekt: Friction baut Vertrauen auf. Besonders bei sensiblen Vorgängen wie Bezahlvorgängen oder Kontoänderungen signalisiert sie Professionalität. Ein Kaufprozess, der zu schnell geht, wirkt verdächtig. Eine Bestätigung, ein zusätzlicher Schritt, gibt Sicherheit. Der Nutzer denkt: „Hier wird sorgfältig gearbeitet."

Und schließlich: Reibung ist ein Aufmerksamkeitsmarker. Sie sagt: „Hier passiert etwas Wichtiges." Wenn alles reibungslos ist, wird alles gleich wichtig und damit beliebig. Friction hilft, Bedeutung zu differenzieren.

Wie Friction gezielt wirken kann

Nicht jede Reibung ist gleich. Es gibt verschiedene Formen, die jeweils unterschiedliche psychologische Wirkungen entfalten:

Kognitive Friction zwingt zum Nachdenken. Das kann ein erklärender Zwischenschritt sein, eine Auswahloption mit Beschreibung oder eine Sicherheitsabfrage. Ziel ist es, Fehlbedienung zu vermeiden und bewusste Entscheidungen zu fördern.

Emotionale Friction wirkt auf die Gefühlsebene. Sie erzeugt Nachdenklichkeit, Zweifel oder Verantwortungsbewusstsein. Beispiel: Die Frage „Möchten Sie dieses Dokument wirklich löschen?" begleitet von einem Bild oder dem Hinweis, dass der Vorgang nicht rückgängig gemacht werden kann. Hier geht es darum, impulsive Entscheidungen zu verhindern.

Soziale Friction spielt mit Gruppenzugehörigkeit. Ein Hinweis, dass eine Handlung sichtbar ist („Ihr Feedback ist öffentlich"), verändert das Verhalten. Der Nutzer denkt über Wirkung und Reaktion nach. Solche Mechanismen fördern Verantwortungsübernahme und soziale Korrektur.

Diese Formen lassen sich kombinieren und strategisch einsetzen, immer mit dem Ziel, Nutzer nicht zu bremsen, sondern zu aktivieren.

Beispiel: Kündigung mit Verantwortung

Ein SaaS-Unternehmen hatte in seinem Kündigungsprozess lange auf maximale Einfachheit gesetzt: ein Button, ein Klick, fertig. Die Churn-Rate war hoch. Nach tieferer Analyse stellte sich heraus: Viele Kündigungen waren impulsiv. Die Nutzer waren frustriert, überfordert oder missverstanden. Kaum jemand kehrte zurück, obwohl der eigentliche Nutzen des Produkts durchaus vorhanden war.

Die Intervention: ein sogenannter „Reflexionsdialog". Vor dem endgültigen Kündigen stellte das System einige wenige, freundlich formulierte Fragen: „Was fehlt Ihnen aktuell?", „Was hat Sie am meisten gestört?" – ergänzt durch Auswahlmöglichkeiten, Feedbackfelder und ein alternatives Angebot (z. B. kostenlose Verlängerung oder Support-Kontakt). Der letzte Schritt lautete: „Ich habe verstanden und möchte wirklich kündigen."

Das Ergebnis war deutlich: Rund 21 % der Nutzer brachen den Kündigungsprozess ab. Nicht aus Frustration, sondern, weil sie sich bewusst entschieden hatten, doch zu bleiben. Zugleich stieg die Zufriedenheit mit dem Kündigungsprozess selbst, ein paradoxer, aber nachvollziehbarer Effekt. Wer ernst genommen wird, fühlt sich respektiert. Selbst wenn die Entscheidung am Ende gleich bleibt.

Reibung gestalten, nicht verstecken

Natürlich hat Friction auch Grenzen. Sie darf nie manipulativ wirken oder als Hindernis empfunden werden. Dark Patterns – also bewusst versteckte Hürden – zerstören Vertrauen. Reibung muss immer begründet, kontextbezogen und transparent sein.

Ein häufiger Fehler liegt im Timing. Zu viel Friction am Anfang, etwa beim Onboarding, schreckt ab. Zu wenig an kritischen Punkten, etwa bei sensiblen Aktionen, lässt das Produkt beliebig wirken. Entscheidend ist: *Wo* Friction wirkt und *wie* sie ins Gesamterlebnis eingebettet ist.

Transparenz ist dabei zentral. Nutzer müssen verstehen, warum es diesen Schritt gibt. Wenn klar ist, dass Reibung Sicherheit, Klarheit oder bessere Entscheidungen ermöglicht, wird sie akzeptiert und oft sogar geschätzt.

Friction ist kein Fehler im UX-Design. Sie ist ein Werkzeug. Und wie jedes Werkzeug braucht sie Feingefühl. Wer sie gut einsetzt, verbessert nicht nur das Erlebnis, sondern auch die Qualität der Beziehung zwischen Mensch und Produkt.

Friction als strategisches Designprinzip

Friction ist kein Makel, den es zu vermeiden gilt. Sie ist ein Gestaltungsmittel. Wer Produkte baut, die Menschen ernst nehmen, darf ihnen etwas zumuten, aber sinnvoll, empathisch und gezielt. Friction schützt, klärt, lenkt Aufmerksamkeit. Sie macht aus schnellen Klicks bewusste Entscheidungen.

Im Zeitgeist in dem alles schneller, einfacher, glatter werden soll, ist bewusst eingesetzte Reibung ein Zeichen von Qualität. Nicht als Bremse, sondern als Einladung zum Denken.

13 Die Psychologie des Preises: Wahrnehmung, Wertgefühl und Zahlungsbereitschaft

Der Preis ist nie nur eine Zahl – Psychologie der Preiswahrnehmung

Preise wirken nicht objektiv. Sie sind keine nackten Zahlen, sondern psychologische Signale. Was ein Mensch als „günstig", „teuer" oder „fair" empfindet, hängt von weit mehr ab als von Produktionskosten oder Funktionsumfang. Wahrnehmung, Kontext, Erwartungen und Emotionen spielen eine viel größere Rolle. Das bedeutet: Wer Produkte baut, ist nicht nur Entwickler oder Produktmanager, sondern auch Bedeutungsarchitekt. Und Preissetzen ist ein zentraler Akt dieser Bedeutungsstiftung.

Ein Preis ist immer eingebettet in ein Netz aus Assoziationen. Ein hoher Preis kann Qualität signalisieren, ein niedriger kann Misstrauen erzeugen. Das gleiche Produkt wirkt für verschiedene Zielgruppen unterschiedlich wertvoll, je nachdem, was sie gewohnt sind, was sie erwarten oder wie der Preis kommuniziert wird. Deshalb ist psychologische Preisgestaltung kein Marketingtrick, sondern ein strategisches Werkzeug.

Besonders in der Softwarebranche, wo der materielle Bezug fehlt und der Nutzen oft unsichtbar ist, gewinnt der Preis an symbolischer Kraft. Er wird zum Filter, zur Botschaft, zum Framing-Instrument. Wer hier nicht sauber kommuniziert, verliert nicht nur Umsatz, sondern auch Relevanz.

Wie Preiswahrnehmung funktioniert

Der Preis wirkt auf mehreren Ebenen. Er ist nicht nur eine wirtschaftliche Größe, sondern auch ein emotionales Signal. Ein hoher Preis suggeriert in vielen Kontexten: „Das ist professionell, das ist strategisch, das ist wertvoll." Vor allem dann, wenn der Nutzer die Qualität nicht direkt beurteilen kann, wie etwa bei Cloud-Software, KI-Services oder Beratungsleistungen.

Zugleich fungiert der Preis als sozialer Filter: Er entscheidet, wer sich angesprochen fühlt. Niedrige Preise können abschrecken, wenn sie Professionalität oder Exklusivität vermissen lassen. Positionierung und Preis müssen zusammenpassen. Ein Premiumprodukt zum Discountpreis wirkt widersprüchlich.

Wichtig ist auch das Framing: Wie der Preis kommuniziert wird, beeinflusst seine Wirkung massiv. Die Formulierung „Nur 0,83 € pro Tag" löst eine andere Reaktion aus als „25 € im Monat", obwohl beides gleich ist. Kleine, mental leichter zu verarbeitende Beträge senken kognitive Hürden.

Der eigentliche Moment der Preisgabe ist ebenfalls entscheidend. Ein Preis, der im Kontext von Wertargumenten, Testimonials oder Vorher-Nachher-Vergleichen erscheint, wirkt anders als ein Preis, der isoliert dasteht. Deshalb ist Pricing auch Storytelling.

Psychologische Preismechanismen verstehen und nutzen

Zahlreiche psychologische Effekte beeinflussen, wie Preise wahrgenommen und bewertet werden. Einige davon lassen sich gezielt in die Preisstrategie integrieren:

- *Ankereffekt:* Die erste genannte Zahl prägt alle folgenden. Ein hoher Referenzwert (z. B. "Einzelleistung: 500 €") macht einen Angebotspreis von 250 € sofort attraktiver.

- *Decoy-Effekt:* Eine bewusst unattraktive Preisoption (z. B. „Basic" für 19 € mit sehr wenig Inhalt) macht die mittlere Option („Pro" für 39 €) psychologisch zur besten Wahl.

- *Charm Pricing:* Preise wie 29,90 € wirken deutlich günstiger als 30,00 €, obwohl die Differenz minimal ist. Unser Gehirn verarbeitet die erste Ziffer stärker.

- *Loss Aversion:* Menschen reagieren stärker auf Verluste als auf Gewinne. Statt zu sagen: „Sie gewinnen 2 Stunden Zeit", wirkt: „Sie verlieren 2 Stunden pro Woche, wenn Sie das Tool nicht nutzen."

- *Preisbündelung:* Mehrere Leistungen zum Gesamtpreis wirken fairer als viele Einzelpreise. Ein Paket fühlt sich oft wertiger an als die Summe seiner Teile.

- *Reziprozität:* Wer vorher einen kostenlosen Mehrwert bekommt (z. B. Beratung, Testphase), fühlt sich psychologisch eher verpflichtet, etwas zurückzugeben – in Form eines Kaufs.

- *Kontextvergleich:* Ein Preis wirkt anders, wenn er neben Konkurrenzangeboten steht oder mit bisherigen Ausgaben verglichen wird ("Nur 10 % Ihrer monatlichen Supportkosten").

Diese Mechanismen sind kein Selbstzweck. Sie müssen immer in ein stimmiges Gesamtbild eingebettet sein, sonst kippt der Eindruck von clever zu manipulativ.

Strategisches Pricing im Software-Produktmanagement

Besonders in der Softwareentwicklung, wo die Grenzkosten gegen null gehen, aber der Wert sehr unterschiedlich empfunden wird, ist Pricing ein entscheidendes Differenzierungsinstrument. Value-Based Pricing lautet hier der Leitgedanke: Nicht "Was kostet uns das?", sondern "Was bringt es dem Nutzer?"

Wenn ein Feature nachweislich drei Stunden Arbeit pro Woche spart, kann der Preis am Produktivitätsgewinn orientiert werden. Das macht ihn nachvollziehbar und emotional stimmig.

Auch Segmentierung spielt eine Rolle: Unterschiedliche Preisstufen schaffen Selbstselektion. Einsteiger wählen "Basic", Power-User "Pro", jeder fühlt sich gesehen. Gleichzeitig lassen sich durch Pricing Entscheidungen lenken: Die bevorzugte Option wird visuell hervorgehoben, sinnvoll ausgestattet, psychologisch attraktiver gemacht.

Zudem sollten psychologische Einwände antizipiert werden: "Warum kostet das so viel?" Die Antwort darauf sollte nicht defensiv, sondern erzählerisch kommen:

mit ROI-Rechnern, Fallbeispielen, Testimonials oder einem klaren Vorher-Nach-her.

Ein Praxisbeispiel mit Hebelwirkung

Ein SaaS-Anbieter für Projektmanagement hatte zunächst ein lineares Preismo-dell: 9 € pro User und Monat. Das war einfach, aber wenig differenzierend. Die Conversion-Rate stagnierte, große Teams buchten kaum.

Die Lösung: Ein Drei-Stufen-Modell mit klaren psychologischen Ankern. Die mittlere Option („Team") wurde zur Standardwahl gemacht, die höchste Stufe („Leadership") mit narrativer Tiefe aufgeladen („Führen Sie Teams, nicht nur Aufgaben"). Zusätzlich wurde ein Hinweis eingebaut, dass bei Downgrade be-stimmte Features verloren gehen („Sie verlieren den Teamraum").

Das Ergebnis: Der durchschnittliche Umsatz pro Kunde stieg um 44 %, die Con-version-Rate um 19 %, der Customer Lifetime Value um 38 %. Ohne am Produkt selbst etwas zu ändern, nur durch psychologisch durchdachtes Pricing.

Fazit

Preise sind nie neutral. Sie sind gelebte Kommunikation, psychologische Archi-tektur, strategische Positionierung. Wer Preise nur rechnet, verschenkt Potenzial. Wer sie gestaltet, kann dieselbe Leistung als Commodity oder als Premium an-bieten, mit entsprechendem Effekt auf Wahrnehmung, Bindung und Profitabilität.

14 Die Kunst des Weglassens: Psychologische Prinzipien der Produktfokussierung

Warum weniger mehr ist

In der Produktentwicklung herrscht ein verbreiteter Irrglaube: Wenn ein Feature nicht funktioniert oder Nutzer abspringen, dann liegt das daran, dass etwas fehlt. Die intuitive Reaktion vieler Teams ist daher: mehr bauen. Mehr Funktionen, mehr Optionen, mehr Personalisierung. Doch genau dieser Reflex kann langfristig mehr schaden als nützen. Denn was als Verbesserung gedacht ist, wird schnell zur Belastung – für den Nutzer, für das Produkt und für die Marke.

Die Kunst des Weglassens ist keine defensive Haltung, kein Sparmodus. Sie ist ein Ausdruck strategischer Reife. Sie sagt: Wir wissen, was wir *nicht* tun. Und das ist genauso wichtig wie zu wissen, was wir tun. Weglassen heißt nicht verzichten, sondern fokussieren. Psychologisch betrachtet, bedeutet das: dem Nutzer Klarheit zu schenken. Ein klares Interface, ein klares Produktversprechen, eine klare Entscheidung.

Reduktion wirkt, weil sie entlastet. Weniger Optionen bedeuten weniger mentale Reibung. Das Gehirn muss weniger verarbeiten, weniger abwägen. Statt sich durch Menüs und Einstellungen zu klicken, kann sich der Nutzer auf das konzentrieren, was zählt. Das Ergebnis: höhere Nutzungsintensität, weniger Fehler, mehr Zufriedenheit. Und nicht zuletzt: eine stärkere emotionale Bindung zum Produkt, weil es sich einfach *richtig* anfühlt.

Psychologische Prinzipien des Weglassens

Dass weniger mehr sein kann, lässt sich mit mehreren psychologischen Konzepten untermauern. Da ist zum einen das Prinzip der kognitiven Entlastung: Jedes zusätzliche Element, jede neue Option erzeugt einen kleinen Denkprozess. Je mehr davon sich anhäufen, desto anstrengender wird die Nutzung. In der Kognitionspsychologie spricht man von kognitiver Last. Produkte mit zu vielen Optionen fühlen sich anstrengend an, auch wenn sie funktional stark sind.

Ein zweites Prinzip ist das sogenannte Paradox of Choice: Zu viele Möglichkeiten können Entscheidungsunfähigkeit auslösen. Nutzer, die mit einer langen Liste an Einstellungen, Features oder Upgrade-Möglichkeiten konfrontiert werden, fühlen sich schnell überfordert. Nicht selten entscheiden sie sich dann für: nichts. Sie brechen ab oder bleiben im Status quo.

Ein weiteres psychologisch wirksames Konzept ist das der Signalqualität: Wenn ein Produkt bewusst mit Leerräumen, mit minimalistischer Oberfläche oder mit reduzierter Funktionsvielfalt arbeitet, erzeugt das eine klare Botschaft: Hier gibt es Fokus. Hier ist jemand bereit, nicht jedem Wunsch nachzugeben, sondern eine Haltung zu zeigen. Das wirkt kompetent, strategisch und vertrauenswürdig.

Auch das Prinzip der projektiven Bedeutung spielt eine Rolle. Nutzer interpretieren bewusst gestaltete Leere nicht als Mangel, sondern als Einladung zur Sinnstiftung. Ein leerer Workspace zu Beginn kann Spannung erzeugen, Fokus, Klarheit. Die Psychologie nennt das "Emptiness as Feature": Das Fehlen wird zur Ressource.

Umsetzung im Produktmanagement: Mut zur Lücke

Weglassen ist nicht einfach. Es erfordert Mut. Und ein klares strategisches Leitbild. Ein bewährtes Instrument ist das "Reverse Roadmapping": Statt zu fragen, was man als nächstes baut, fragt man: Was kann weg? Welche Features werden kaum genutzt? Was verwirrt, statt zu helfen? Was war einmal wichtig, ist heute aber obsolet?

Hilfreich ist auch eine "Nicht-Funktions-Liste": ein bewusst gepflegter Katalog von Dingen, die das Produkt *nicht* kann und auch nicht können will. Das schafft Fokus, macht Entscheidungen nachvollziehbar und ist ein starkes internes wie externes Kommunikationsinstrument. Es signalisiert: Dieses Produkt hat Haltung.

Auch in der Kommunikation nach außen kann Reduktion eine Rolle spielen. Statt mit Funktionsvielfalt zu prahlen, kann man auch Klarheit und Konzentration in den Mittelpunkt stellen. "Wir können nicht alles. Aber was wir können, können

61

wir richtig gut." Das erzeugt Respekt. Es macht ein Produkt glaubwürdiger. Denn Tiefe wirkt stärker als Breite.

Ein weiteres Prinzip lautet: Design for Intent. Funktionen sollten einem klaren Nutzungsintention folgen. Nicht Vielfalt ist das Ziel, sondern Passung. Was nicht zum zentralen Nutzungskontext passt, wird gestrichen. Nicht aus Ignoranz, sondern aus Disziplin.

Und schließlich: User-Friktion ernst nehmen. Wenn Nutzer ein Feature nicht finden, nicht verstehen oder selten nutzen, ist das ein Zeichen. Nicht für zu wenig UX, sondern möglicherweise für ein Feature, das überflüssig ist. Analyse ersetzt Annahme.

Ein Praxisbeispiel: Weglassen mit Wirkung

Ein Anbieter für Collaboration-Software stand vor einem klassischen Problem: Viele Nutzer, aber geringe Aktivierung. Die App konnte viel, doch kaum jemand nutzte mehr als die Grundfunktionen. Die Oberfläche wirkte komplex, die Anleitung zu lang, das Onboarding zäh. Die Reaktion des Teams: weniger statt mehr.

Man entschied sich, radikal zu reduzieren. Die Zahl der sichtbaren Features wurde halbiert. Der Fokus lag nun auf drei Kernfunktionen: Board, Aufgaben und Status. Die UI wurde vereinfacht, Tooltips entfernt, Default-Ansichten reduziert. Die neue Kommunikation lautete schlicht: "Einfach. Punkt."

Das Ergebnis war bemerkenswert: Die aktive Nutzung stieg um 52 %, die Einführungszeit sank um fast die Hälfte. Die Abwanderungsrate reduzierte sich deutlich. Das Produkt wirkte nicht mehr wie ein Werkzeugkasten, sondern wie ein Kompass. Klar, fokussiert, souverän.

Weniger als Strategie

Die Kunst des Weglassens ist ein Akt strategischer Intelligenz. Sie braucht Mut, Konsequenz und ein tiefes Verständnis für psychologische Wirkung. Produkte, die weniger bieten, können mehr leisten, wenn das Weniger klar, relevant und konsequent gedacht ist.

Reduktion ist kein Verlust. Es ist eine Entscheidung für Klarheit. Und Klarheit ist die Grundlage für Vertrauen, Wirkung und emotionale Bindung. Wer diese Form der Produktfokussierung beherrscht, schafft mehr als nur ein gutes Interface: Er schafft ein Erlebnis, das haften bleibt.

15 Vertrauen designen: Psychologische Mechanismen für Glaubwürdigkeit und Sicherheit

Vertrauen muss spürbar sein

Vertrauen ist keine Funktion, die man hinzufügen kann. Es ist ein Gefühl, ein psychologischer Zustand, der durch viele kleine Erlebnisse entsteht. Und ebenso schnell wieder verschwinden kann. In der digitalen Produktwelt entscheiden nicht Argumente über Vertrauen, sondern Erlebnisse: Wie fühlt sich die erste Interaktion an? Wie intuitiv ist der Ablauf? Wie reagiert das System, wenn etwas schiefläuft?

Oft versuchen Unternehmen, Vertrauen mit Symbolen zu erzeugen: Gütesiegel, Testimonials, Logos großer Kunden. Doch das reicht nicht. Vertrauen entsteht nicht durch Behauptung, sondern durch Konsistenz, Transparenz und emotionale Intelligenz. Es wächst, wenn Nutzer erleben, dass sie verstanden, geführt und respektiert werden. Wenn sie nicht überrascht werden, sondern sich sicher fühlen, auch in Momenten von Unsicherheit oder Fehlern.

Besonders bei sensiblen Produkten – etwa im Finanzbereich, in der Gesundheitstechnologie oder bei persönlichen Daten – wird Vertrauen zum kritischen Erfolgsfaktor. Wer hier nicht bewusst gestaltet, riskiert Unsicherheit. Und Unsicherheit tötet Conversion, Retention und Empfehlungskraft.

Die Bausteine vertrauenswürdiger Gestaltung

Vertrauen entsteht auf mehreren Ebenen, jede mit eigenen Anforderungen an Kommunikation, Interaktion und Gestaltung:

Sichtbarkeit ist die erste Hürde: Nutzer müssen sofort erkennen, wo sie sich befinden, was möglich ist und was als Nächstes passiert. Unklare Interfaces, kryptische Begriffe oder visuelle Unordnung erzeugen Unsicherheit.

Kohärenz ist der zweite Faktor: Sprache, Design und Verhalten eines Produkts müssen zueinander passen. Wenn der Button im Onboarding freundlich lächelt, die Fehlermeldung aber technokratisch und kalt daherkommt, entsteht ein Bruch und damit Misstrauen.

Transparenz bedeutet, dass nichts versteckt wirkt: Preise, Datenschutzrichtlinien, Datenflüsse, alles sollte nachvollziehbar und leicht zugänglich sein. Nutzer müssen verstehen: Was passiert mit meinen Daten? Warum wird etwas abgefragt? Wer steckt hinter diesem Produkt?

Integrität meint: Das Produkt hält, was es verspricht. Erwartungen, die durch Werbung oder Produkttext erzeugt werden, müssen erfüllt oder übertroffen werden. Nichts zerstört Vertrauen schneller als ein Versprechen, das sich beim ersten Klick als hohl entpuppt.

Emotionale Sicherheit schließlich entsteht durch das Gefühl, gesehen und geschützt zu sein. Fehler dürfen passieren, Unsicherheiten dürfen auftauchen, solange das System den Nutzer freundlich auffängt, führt und unterstützt.

Wie Vertrauen psychologisch gefestigt wird

Die psychologische Forschung kennt zahlreiche Mechanismen, die Vertrauensbildung beeinflussen. Einer davon ist die sogenannte „Cognitive Fluency", also die Leichtigkeit der Informationsverarbeitung. Was wir leicht verstehen, empfinden wir als glaubwürdiger. Deshalb sind klare Sprache, intuitive Navigation und visuelle Klarheit kein Bonus, sondern Basis für Vertrauen.

Ein zweiter wichtiger Hebel ist *Konsistenz*. Unser Gehirn liebt Muster. Wenn Buttons gleich aussehen, Begriffe konsistent verwendet werden und Handlungen vorhersehbar sind, entsteht ein Gefühl von Kontrolle, und Kontrolle ist die Grundlage für Vertrauen.

Auch der Umgang mit Fehlern spielt eine entscheidende Rolle. Niemand erwartet Perfektion. Aber wie ein Produkt auf Probleme reagiert, entscheidet über die emotionale Qualität der Beziehung. Gute Fehlermeldungen sind konkret, freundlich und lösungsorientiert. Sie sagen: „Wir kümmern uns. Du bist nicht allein."

Sozialer Beweis (Social Proof) wirkt ebenfalls stark: Nutzerbewertungen, Nutzerzahlen, Testimonials oder öffentlich sichtbare Kundenlogos zeigen: Andere vertrauen diesem Produkt bereits. Besonders dann, wenn sie authentisch, aktuell und gut integriert sind.

Nicht zu unterschätzen ist auch das Prinzip der *Reziprozität*: Wer zuerst gibt, schafft Vertrauen. Ein hilfreiches Onboarding, ein nützlicher Tipp zur richtigen Zeit, ein Feature, das ohne Vorleistung Nutzen stiftet, all das erzeugt psychologischen Druck zur Gegenseitigkeit. Und diese Gegenseitigkeit festigt Bindung.

Gestaltung als Vertrauensarbeit

Vertrauen zu gestalten bedeutet, jede Entscheidung im Produktdesign unter dem Gesichtspunkt psychologischer Sicherheit zu betrachten. Schon im Onboarding können kleine Unterschiede große Wirkung haben. Wer sofort sensible Daten abfragt, erzeugt Widerstand. Wer den Prozess in kleine Schritte gliedert, diese erklärt und begleitet, baut Vertrauen auf.

Ein gutes Beispiel ist die progressive Offenlegung: sensible Themen – etwa Zahlungsinformationen oder Identitätsnachweise – werden nicht sofort, sondern im richtigen Moment abgefragt. Der Nutzer versteht, *warum* diese Informationen jetzt gebraucht werden. Vertrauen entsteht durch Kontext.

Auch *Vertrauensanker* helfen. Bekannte Logos, reale Ansprechpartner, Teamfotos oder klare Zertifizierungen wirken als Stabilitätsmarker. Sie signalisieren: Hier steckt echte Arbeit, echtes Engagement, echte Verantwortung.

Ein oft unterschätzter Hebel ist die Sprache. Während Marketingsprache oft übertreibt („weltweit führend", „revolutionär", „einzigartig"), baut eine ehrliche, konkrete und empathische Sprache Vertrauen auf. Wer Dinge beim Namen nennt, Fehler eingesteht oder bewusst nicht übertreibt, wirkt glaubwürdiger.

Und nicht zuletzt: Sicherheitssignale. Schon beim ersten Besuch sollten Datenschutz, Sicherheit und Kontrolle sichtbar sein, etwa durch ein klares Opt-in, transparente Cookie-Hinweise oder visuell erkennbare Speicherprozesse. Wer von Anfang an kommuniziert: „Du bist hier sicher", legt den Grundstein für jede weitere Interaktion.

Vertrauensbildung in der Praxis

Ein FinTech-Startup stand vor einem Problem: Hohe Abbruchraten im Onboarding. Die Analyse zeigte: Nutzer fühlten sich von der Menge an abgefragten Informationen überfordert, auch wenn diese technisch notwendig waren.

Das Team reagierte mit einer umfassenden UX-Überarbeitung. Statt Daten sofort einzufordern, wurden sie Schritt für Schritt abgefragt, jeweils begleitet von Kontext: „Warum fragen wir das?", „Wie lange wird das gespeichert?", „Wer hat Zugriff?" Gleichzeitig wurde das Design beruhigt: mehr Weißraum, klare visuelle Hierarchie, weiche Farben. Zusätzlich wurde auf der Startseite ein Social-Proof-Modul ergänzt: „Bereits über 12.000 Kunden vertrauen uns."

Das Ergebnis war eindrucksvoll: Die Abbruchrate sank um 43 %, die Conversion-Rate stieg um 36 %, der Net Promoter Score legte um 22 Punkte zu. Vertrauen wurde nicht erklärt, es wurde gestaltet.

Vertrauen als strategische Kompetenz

Vertrauen ist kein Zufallsprodukt. Es ist das Ergebnis konsequenter Gestaltung, bewusster Kommunikation und psychologischer Empathie. Wer versteht, wie Menschen Vertrauen aufbauen – und wie schnell sie es verlieren –, kann Produkte entwickeln, die nicht nur benutzt, sondern gemocht werden.

Vor dem Hintergrund zunehmender Unsicherheit, Datenmüdigkeit und digitaler Skepsis ist Vertrauen der vielleicht wichtigste Erfolgsfaktor. Es reduziert Angst, fördert Bindung und multipliziert Wirkung.

16 Psychologie für technische Features: API, Security & Infrastruktur emotional denken

Warum Technik mehr ist als Funktion

Technische Features gelten oft als neutral, nüchtern, rein funktional. Doch diese Annahme ist trügerisch. Auch wenn es um APIs, Infrastrukturen oder Sicherheitsmechanismen geht, wirken psychologische Faktoren, stärker, als viele denken. Denn Technik wird nicht im luftleeren Raum genutzt. Sie ist eingebettet in Wahrnehmungen, Erwartungen und emotionale Reaktionen. Menschen – ob Entwickler oder Endnutzer – entscheiden nicht nur anhand von Codequalität oder Durchsatzraten, sondern auch anhand von Vertrauen, Klarheit und Gefühl.

Das bedeutet: Auch technische Produkte müssen *erlebt* werden. Und dieses Erleben ist immer subjektiv. Es reicht nicht, dass ein API-Endpoint korrekt dokumentiert ist. Er muss auch zugänglich sein, logisch aufgebaut, mit Beispielen versehen, in einer Sprache geschrieben, die Unsicherheiten abbaut, statt neue zu erzeugen. Infrastruktur, die nicht sichtbar ist, wird dann wertgeschätzt, wenn sie sich stabil anfühlt. Sicherheit wird nicht durch Zertifikate vermittelt, sondern durch ein Gefühl der Kontrolle.

Diese Erkenntnis verändert die Gestaltung technischer Features grundlegend. Sie macht deutlich: Wer Technik entwickelt, gestaltet auch Vertrauen, Wahrnehmung und Handlungsspielraum. Es ist an der Zeit, diese Verantwortung bewusst wahrzunehmen.

Wie Technik psychologisch wirkt

Auch scheinbar trockene technische Komponenten senden psychologische Signale. Eine komplexe Konfiguration, die schwer zu verstehen ist, erzeugt schnell das Gefühl: „Das ist zu viel, das überfordert mich." Und wo Überforderung herrscht, wird meist nicht ausprobiert, sondern abgelehnt. Das bedeutet nicht, dass Technik simpel sein muss. Aber sie muss *einfach zugänglich* sein.

Ebenso wichtig ist das Gefühl der Kontrolle. In Sicherheitsfragen etwa genügt es nicht, zu sagen: „Wir sind DSGVO-konform" oder „End-to-End verschlüsselt". Nutzer wollen wissen, *was das für sie bedeutet*. Wer hat Zugriff? Wie lange werden Daten gespeichert? Was passiert im Notfall? Vertrauen in Sicherheitsfeatures entsteht nicht durch technische Details, sondern durch verständliche Erklärungen – gerne auch visuell oder narrativ unterstützt.

Ein weiterer psychologischer Aspekt: Verfügbarkeit wird als Stellvertreter für Qualität gelesen. Lädt ein Service schnell, ist die API reaktionsschnell, gibt es wenig Downtime, dann entsteht das Gefühl: „Ich kann mich darauf verlassen." Gerade weil viele Nutzer nicht tief in die Technik einsteigen, sind diese Signale besonders wichtig. Sie wirken wie emotionale Abkürzungen: Was stabil läuft, wirkt professionell.

Schließlich spielt der Umgang mit Fehlern eine große Rolle. Fehler lassen sich nicht komplett vermeiden, aber sie lassen sich gestalten. Ein 503-Fehlercode mit einer technischen Meldung erzeugt Frust. Ein klar formulierter Hinweis wie „Unser Service ist gerade überlastet, wir arbeiten daran, nächste Aktualisierung in 10 Minuten" erzeugt Verständnis und Vertrauen.

Gestaltung technischer Features mit psychologischem Feingefühl

Der Schlüssel zur Gestaltung technischer Features liegt im Brückenschlag zwischen Funktion und Erleben. Es geht darum, psychologische Grundprinzipien auf technische Kontexte zu übertragen. Eines davon ist die Unterscheidung zwischen *Simplicity* und *Simplification*. Ein komplexes System kann einfach wirken, wenn seine Kommunikation klug gestaltet ist: klare Struktur, sinnvolle Defaults, progressive Offenlegung von Informationen.

Defaults selbst sind psychologisch extrem wirksam. Die Voreinstellung wirkt wie eine Empfehlung und wird meist übernommen. Wer also technische Entscheidungen über Standardkonfigurationen trifft, übernimmt Verantwortung für das Nutzerverhalten. Ein „opt-out" bei Tracking ist nicht nur technisch korrekt, sondern auch ein Signal: Hier entscheidet der Nutzer.

Auch die Sprache macht einen Unterschied. Sicherheitskommunikation kann kalt und unverständlich oder menschlich und vertrauensvoll klingen. „TLS 1.3 Verschlüsselung mit elliptischen Kurven" wirkt beeindruckend, aber oft auch fremd. Ein Satz wie „Nur Sie und berechtigte Personen haben Zugriff, abgesichert durch dreifache Verschlüsselung" ist verständlich und beruhigend.

Fehlertexte sind ebenfalls ein unterschätztes Gestaltungsfeld. Sie bieten eine Chance, Empathie zu zeigen. „Hier ist etwas schiefgelaufen. Bitte versuchen Sie es später erneut oder wenden Sie sich an unser Support-Team." – das ist mehr als Technik. Das ist Beziehungsgestaltung.

Ein besonders wichtiges Feld ist die Dokumentation. Gerade bei APIs entscheidet sich die Nutzererfahrung oft in der ersten Stunde. Eine gute API-Doku spricht nicht nur „Code", sondern auch „Verständnis". Sie nutzt Beispiele, Szenarien, Visualisierungen und vor allem: sie nimmt den Nutzer an die Hand. Developer Experience ist UX, nur mit anderen Werkzeugen.

Technisches Vertrauen aktiv gestalten

Wer technische Features entwickelt, sollte bewusst in psychologische Vertrauensbausteine investieren. Das beginnt bei der Developer Experience: Onboarding-Prozesse, Testmöglichkeiten, Sandbox-Umgebungen, klar verständliches Logging, all das hilft, Unsicherheit zu reduzieren. Entwickler wollen Kontrolle erleben, nicht erraten müssen.

Auch Infrastruktur kann Vertrauen erzeugen. Ein visuell gestaltetes Status-Dashboard, das Echtzeit-Informationen liefert, macht Systeme transparent. Zugriffshistorien, API-Logs, Reaktionszeiten, wenn sie aufbereitet werden, entstehen Kontrollgefühle. Und Kontrolle ist ein Basisbedürfnis in unsicheren Systemen.

Sicherheitsmechanismen sollten nicht nur *existieren*, sondern auch *verständlich erklärt* werden. Menschen wollen wissen, wie sie geschützt werden. Deshalb sind Geschichten effektiver als Spezifikationen: „Unsere Server stehen in zertifizierten Rechenzentren – mit Zugangskontrolle, Notstromversorgung und 24/7-Monitoring." – das schafft Bilder im Kopf.

Nicht zu vergessen: Fehlertoleranz. Funktionen wie Rückgängig, Backups oder Versionsverläufe bieten psychologische Sicherheit. Wer weiß, dass er einen Fehler korrigieren kann, geht mutiger mit Technik um. Das senkt Barrieren und steigert Nutzung.

Ein Praxisbeispiel: Ein SaaS-Anbieter mit komplexer API hatte ein Adoptionsproblem. Die Technik war stark, aber die Entwickler sprangen ab. Die Analyse zeigte: Die Dokumentation war zwar vollständig, aber abschreckend. Fehlermeldungen waren kryptisch, das Onboarding unpersönlich.

Die Lösung war ein psychologischer Perspektivwechsel. Statt rein funktional zu denken, wurde emotional gedacht: Ein Einsteiger-Leitfaden mit begleitendem Tonfall, Feedback zu Fehlern in menschlicher Sprache, eine Community mit echten Beispielen. Das Ergebnis: Integrationsrate +61 %, Supportanfragen −38 %, Weiterempfehlungsrate in Dev-Foren +72 %. Technik war gleich geblieben. Das Gefühl nicht.

Technik kommuniziert – immer

Technik ist nie neutral. Sie sendet Signale, erzeugt Gefühle, formt Verhalten. Wer das ignoriert, verschenkt Potenzial. Wer es gestaltet, schafft Vertrauen, Sicherheit und Bindung, auch bei Themen, die auf den ersten Blick nur funktional erscheinen.

APIs, Sicherheit und Infrastruktur wirken psychologisch. Sie können abschrecken oder einladen, verwirren oder beruhigen, frustrieren oder motivieren. Wer sie als Teil der Nutzererfahrung versteht, gewinnt, nicht nur technisch, sondern auch emotional.

17 Die emotionale Landkarte der Nutzerreise – Tiefer als Customer Journeys

Warum Nutzerreisen gefühlt werden

Viele Unternehmen zeichnen Customer Journeys wie technische Flussdiagramme. Touchpoints, Funnel-Phasen, Kanäle. Alles sieht logisch aus, aber es fühlt sich leer an. Was dabei meist fehlt, ist die emotionale Dimension. Denn kein Mensch bewegt sich rein rational durch ein Produkt. Jeder Klick, jede Entscheidung, jeder Abbruch ist emotional mitgesteuert: durch Neugier, Misstrauen, Erleichterung, Frustration oder Begeisterung.

Ein Nutzererlebnis ist keine lineare Kette von Schritten, sondern eine Folge von emotionalen Zuständen. Und genau darin liegt der Schlüssel zur strategischen Wirkung: Wer versteht, *wie sich Menschen wann fühlen*, kann diese Reise bewusst gestalten. Statt nur Prozesse zu optimieren, orchestriert man Erlebnisse. Und Erlebnisse schaffen Bindung.

Emotionen sind der Hebel, an dem sich wahrgenommener Wert, Markenbindung und Nutzungsintensität aufbauen lassen. Funktionalität allein reicht nicht. Was bleibt, ist das Gefühl, das ein Produkt hinterlässt.

Was Nutzer wirklich prägt: Emotion statt Ablauf

Psychologische Studien zeigen klar: Menschen erinnern sich nicht an jedes Detail, sondern an emotionale Höhe- und Tiefpunkte. Die sogenannte "Peak-End Rule" beschreibt, dass besonders intensive Momente und das Ende einer Erfahrung das Gesamturteil dominieren. Das heißt: Ein gelungenes Feature hilft wenig, wenn der Nutzer frustriert aussteigt. Umgekehrt kann ein kleiner Moment der Wertschätzung alles drehen.

Zudem ist jede Entscheidung emotional eingefärbt, selbst vermeintlich rationale wie ein Upgrade oder eine Kündigung. Die Frage lautet nicht: "Was bringt mir das?", sondern: "Wie fühle ich mich dabei?" Vertrauen, Unsicherheit, Stolz oder Überforderung wirken im Hintergrund mit und bestimmen das Verhalten.

Deshalb sollte jede Produktentscheidung auch durch eine psychologische Linse betrachtet werden: *Welche Emotion wird hier ausgelöst? Welche sollte es sein?*

Besonders spannend ist die Rolle psychologischer Spannungen. Menschen handeln, wenn sie ein Spannungsfeld zwischen dem, was ist, und dem, was sein könnte, spüren. Frust treibt an, aber auch Hoffnung. Diese Spannungen bewusst anzusprechen – etwa in Produkttexten oder Onboarding-Narrativen – erhöht die Motivation und Orientierung.

Die fünf emotionalen Phasen der Nutzerreise

Wenn man die Nutzerreise nicht nur als technischen Prozess, sondern als emotionalen Verlauf betrachtet, lassen sich fünf typische Phasen identifizieren, jeweils mit ihren psychologischen Chancen und Risiken:

In der *initialen Neugier* steht der Reiz des Neuen im Vordergrund, aber auch Skepsis. Ein guter erster Eindruck stärkt das Vertrauen und lädt zum Erkunden ein.

Beim *ersten Kontakt oder Einstieg* dominieren Orientierungssuche und Unsicherheit. Hier entscheidet sich, ob Nutzer sich willkommen fühlen, ob sie Kontrolle spüren und ob sie ein erstes Erfolgserlebnis erfahren. Fehlt dieser Moment, entsteht Distanz.

In der *aktiven Nutzung* erleben Nutzer idealerweise einen Flow-Zustand: Sie verstehen, was zu tun ist, erleben sich als kompetent, bauen Routinen auf. Aber auch hier droht Frustration, etwa bei Bugs, unerwartetem Verhalten oder kognitiver Überforderung.

Krisen oder Friktionen treten fast immer irgendwann auf: Ein Problem, eine Unklarheit, ein Fehler. Jetzt geht es um Deeskalation. Wird dem Nutzer geholfen? Fühlt er sich ernst genommen? Diese Momente entscheiden oft über Kündigung oder Bindung.

Wiederkehr, Bindung und Empfehlung sind die reife Phase der Beziehung. Stolz auf Erreichtes, Identifikation mit dem Produkt und sozialer Status („Ich nutze XYZ") prägen diese Phase. Wer hier Anerkennung zeigt, Dankbarkeit ausdrückt oder soziale Interaktionen anbietet, verstärkt die emotionale Bindung.

Wie man Emotionen sichtbar macht und nutzt

Emotionen lassen sich nicht exakt messen, aber sie lassen sich sichtbar machen. Der erste Schritt ist, klassische Customer Journeys um einen emotionalen Layer zu erweitern. In einem "Emotion Journey Mapping" wird jeder Schritt nicht nur mit Funktion, sondern mit Gefühl hinterlegt: Was denkt, fühlt, hofft oder befürchtet der Nutzer hier?

Tiefeninterviews sind dafür eine wertvolle Methode. Entscheidend ist dabei, nicht nur nach Funktionalität zu fragen („Was hat funktioniert?"), sondern nach Erleben: „Wie hast du dich an dieser Stelle gefühlt? Was war irritierend? Was hat dich motiviert?"

Digitale Touchpoints lassen sich mit kurzen Spontanfragen versehen, etwa direkt nach einer Aktion: „Wie hilfreich war dieser Schritt?" oder „Wie zufrieden bist du gerade?" Solche Daten sind besonders wertvoll, weil sie im Moment des Erlebens erhoben werden.

Auch die Kombination von Verhaltensdaten (z. B. Abbrüchen, Heatmaps) mit qualitativen Rückmeldungen hilft, emotionale Brüche zu erkennen. Wo steigen Nutzer aus? Wo stoppen sie? Welche Texte, Bilder oder Funktionen führen zu Verwirrung, welche zu Freude?

Zusätzlich können KI-basierte Sentiment-Analysen aus Freitexten – etwa aus Support-Tickets oder Feedbackfeldern – emotionale Muster sichtbar machen. Sie zeigen, ob Frust, Unsicherheit oder Begeisterung dominieren und wo sich diese Emotionen häufen.

Emotionale Erlebnisse gezielt inszenieren

Ist die emotionale Landkarte einmal sichtbar, beginnt die strategische Arbeit. Denn emotionale Momente lassen sich nicht nur erkennen, man kann sie gestalten. Etwa durch gezielte Micro-Wins im Onboarding: kleine Erfolgserlebnisse („Du hast gerade deine erste Aufgabe abgeschlossen!"), die Stolz und Selbstwirksamkeit erzeugen.

Besonders kraftvoll sind bewusst inszenierte emotionale Höhepunkte. Ein personalisierter Fortschrittsbericht, eine liebevoll gestaltete Abschlussnachricht, ein Dankeschön nach dem ersten Kauf. Das alles sind Möglichkeiten, um emotionale Spitzen zu erzeugen.

Ebenso wichtig ist es, Tiefpunkte frühzeitig zu entschärfen. Wenn man weiß, dass Nutzer häufig an einem bestimmten Formular scheitern, kann ein unterstützender Hinweis, ein Live-Chat oder ein Erklärvideo Frust verhindern.

Rückkehrende Nutzer verdienen besondere Wertschätzung: Ein kurzer Gruß („Schön, dass Sie wieder da sind") wirkt stärker, als viele glauben. Er zeigt: Du wirst gesehen. Das stärkt Bindung und macht Wiederkehr zum Erlebnis.

All das lässt sich in ein Prinzip gießen: Emotionale Logik sollte in Produktentscheidungen immer mitgedacht werden. Neben dem Was und Wie immer auch das *Wie fühlt es sich an?* und was soll es bewirken?

Ein Praxisbeispiel für emotionale Optimierung

Ein digitales Lernprodukt verzeichnete hohe Abbruchraten nach wenigen Tagen. Technisch war alles in Ordnung. Aber Nutzer erlebten keinen emotionalen Bezug. Das Onboarding war funktional, aber kalt. Es fehlte eine Story, ein Gefühl von Fortschritt, eine Beziehung.

Das Team stellte um: Statt direktem Einstieg in Lektionen gab es jetzt Mini-Missionen mit sichtbarem Fortschritt, Gamification-Elemente mit emotionaler Ankerung und eine personalisierte Nachricht nach dem Abschluss der ersten Lektion.

Das Ergebnis: Deutlich höhere Engagement-Werte, positive Bewertungen und mehr Empfehlungen. Nicht die Technik war der Hebel, sondern das Gefühl.

Emotion ist der Unterschied

Wer die emotionale Landkarte der Nutzerreise kennt und nutzt, schafft mehr als funktionierende Produkte. Er schafft erinnerbare Erlebnisse. Bindung entsteht nicht aus Effizienz, sondern aus Gefühl. Und Loyalität wächst nicht durch Argumente, sondern durch emotionale Resonanz.

18 Kulturelle Psychologie: Wie unterschiedliche Nutzergruppen Entscheidungen treffen

Psychologie ist nie kontextfrei

Wenn von „dem Nutzer" gesprochen wird, schwingt oft ein universelles Menschenbild mit. Eines, das unabhängig ist von Nationalität, Werten, Sprache oder Geschichte. Doch dieser Ansatz greift zu kurz. Denn wie Menschen denken, entscheiden, vertrauen oder interagieren, ist tief durch Kultur geprägt. Was in einem Markt als intuitiv gilt, wirkt in einem anderen irritierend. Was Vertrauen schafft, kann andernorts Skepsis auslösen.

Psychologie ist nie kontextfrei, sie ist kulturell codiert. Und das hat direkte Auswirkungen auf Produktdesign, Kommunikation und Nutzerführung. Wer Produkte international vertreibt, muss deshalb mehr tun als übersetzen. Er muss kulturelle Unterschiede *verstehen* – in Denkmustern, Erwartungshaltungen, Kommunikationsstilen und emotionalen Bedürfnissen. Nur so gelingt echte Anschlussfähigkeit.

Kulturelle Denkmuster und ihre Wirkung auf Produktentscheidungen

Drei zentrale kulturelle Dimensionen prägen das psychologische Erleben besonders stark:

Kollektivismus vs. Individualismus: In kollektivistisch geprägten Kulturen – etwa in Asien, im arabischen Raum oder in Südamerika – stehen soziale Einbettung und Harmonie im Vordergrund. Entscheidungen werden häufig mit Blick auf Familie, Gruppe oder Hierarchie getroffen. In individualistisch geprägten Gesellschaften wie den USA oder Deutschland dominiert das Selbstbild als autonom handelndes Individuum. Entscheidungen sind Ausdruck von Freiheit und Selbstverwirklichung. Diese Unterschiede beeinflussen, ob Menschen sich durch Social Proof angesprochen fühlen, ob sie Customization wünschen, und wie sie auf Community-Angebote reagieren.

Unsicherheitsvermeidung: Kulturen mit hoher Unsicherheitsvermeidung – z. B. Spanien, Frankreich oder Japan – bevorzugen klare Regeln, Transparenz und Planbarkeit. Nutzer in diesen Märkten reagieren sensibel auf unklare Informationen, vage Aussagen oder fehlende Garantien. Kulturen mit niedriger Unsicherheitsvermeidung – etwa Schweden, Großbritannien oder die Niederlande – akzeptieren Ungewissheit eher, probieren aus, und sehen in Exploration keinen Kontrollverlust, sondern Chance.

Kontextorientierung (High vs. Low Context): In High-Context-Kulturen wie Japan, Korea oder Saudi-Arabien ist Kommunikation stark durch implizite Signale geprägt. Bedeutung entsteht durch Tonfall, Kontext, Körpersprache und soziale Rollen. In Low-Context-Kulturen wie den USA, Deutschland oder Skandinavien dominiert explizite, sachliche und direkte Kommunikation. Diese Differenz hat Konsequenzen für Textlängen, visuelle Gestaltung, Onboarding-Prozesse und Support-Interaktionen.

Psychologische Gestaltung für kulturelle Passung

Diese kulturellen Unterschiede sollten nicht nur in die Sprache eines Produkts übersetzt, sondern psychologisch in seine Struktur, Tonalität und Interaktionslogik integriert werden.

In kollektivistischen Kulturen kann Vertrauen durch Community-Elemente, Gruppenfeedback und Zugehörigkeit aufgebaut werden. Es geht weniger um das Individuum, mehr um die Position in einem sozialen Gefüge. Testimonials, Nutzergruppen, gemeinsame Ziele oder Belohnungen im Teamkontext sind hier besonders wirksam. Narrative wie „Gemeinsam erfolgreich" oder „Teil einer Bewegung" erzeugen mehr Resonanz als „Dein persönlicher Vorteil".

In Märkten mit starker Unsicherheitsvermeidung ist es entscheidend, frühzeitig Sicherheitssignale zu setzen. Dazu zählen verständlich erklärte Prozesse, klare Rückgaberechte, zertifizierte Siegel, aber auch konsistente UX-Patterns. Hier ist weniger Raum für Experimente, was zählt, ist Planbarkeit. Fehlertoleranz muss aktiv kommuniziert werden: „Sie können jederzeit zurück", „Sie verlieren nichts", „Wir sind erreichbar".

Für High-Context-Kulturen ist der visuelle, nonverbale und atmosphärische Gehalt entscheidend. Hier wirken Farben, Icons, Animationen und implizite Zeichen oft stärker als reine Textbotschaften. Auch der Tonfall ist weicher, unverbindlicher, höflicher. In der Kommunikation wird eher eingeladen als aufgefordert. Im Gegensatz dazu verlangen Low-Context-Kulturen Klarheit und Prägnanz. Dort werden Informationen eher bewertet, wenn sie explizit und belegbar sind.

Die Selbstwirksamkeit des Nutzers – also das Gefühl, mit eigenen Entscheidungen das Ergebnis beeinflussen zu können – ist ebenfalls kulturell verschieden. In individualistischen Kulturen sollte Personalisierung betont werden („Dein Account", „Deine Einstellungen"). In kollektivistischen Kontexten kann eine gewisse Strukturierung mehr Sicherheit bieten, etwa durch Empfehlungen oder Defaults.

Methoden für kulturell empathische Produktentwicklung

Um kulturelle Muster systematisch zu integrieren, helfen erweiterte Personas, die neben demografischen und funktionalen Daten auch kulturelle Dimensionen enthalten: Wie wird Autorität gesehen? Welche Rolle spielt Familie? Wie wird Risiko empfunden? Diese Fragen liefern wertvolle Hinweise für UX, Kommunikation und Produktlogik.

A/B-Tests in unterschiedlichen Ländern mit kulturell angepassten Varianten sind ein weiteres Mittel. Dabei geht es nicht nur um Sprache, sondern z. B. auch um Formulierungen von Buttons („Jetzt kaufen" vs. „Mehr erfahren"), die visuelle Dichte von Interfaces oder die Darstellungsweise von Sicherheit.

Eine semiotische Analyse hilft zu verstehen, was ein bestimmtes Symbol, ein Farbschema oder ein Designstil in der jeweiligen Kultur bedeutet. Ein Daumen hoch kann Zustimmung signalisieren oder in anderen Kontexten als unangemessen gelten. Die Bedeutung visueller Sprache ist immer kulturell codiert.

Auch Supportstrukturen und Onboarding-Prozesse sollten kulturell anschlussfähig sein. Während im angelsächsischen Raum ein Tutorial mit direkter

Aktivierung funktioniert, ist in asiatischen Märkten oft ein behutsamer, begleiteter Einstieg sinnvoller. Der Ton macht hier die Musik.

Schließlich lohnt es sich, Feedbacksysteme so zu gestalten, dass sie nicht nur funktionales Feedback erfassen, sondern auch kulturelle Unterschiede sichtbar machen: Welche Themen beschäftigen Nutzer in Japan? Welche Rückfragen kommen aus Brasilien? So entsteht ein differenziertes Bild, das in die Produktentwicklung zurückgespielt werden kann.

Wenn Kultur nicht beachtet wird – ein Praxisfall

Ein deutsches SaaS-Unternehmen plante die Expansion nach Südostasien. Die Lokalisierung wurde technisch umgesetzt: Sprache, Währung, Zeitformate. Doch die Conversion blieb deutlich hinter den Erwartungen zurück. Eine qualitative Analyse zeigte, dass die psychologische Anschlussfähigkeit fehlte.

Das Design war zu direkt, der Call-to-Action zu fordernd („Jetzt buchen"). Es fehlte ein Sicherheitsversprechen. Support war nur per E-Mail erreichbar, in einer Region, in der WhatsApp oder Livechat Standard sind. Das Vertrauen fehlte, obwohl die Funktionen gut waren.

Die Lösung: Umstellung auf ein weicheres Framing („Unverbindlich testen"), Integration von lokalen Supportkanälen, explizite Kommunikation von Garantien und eine stärkere Community-Verankerung. Das Ergebnis war klar messbar: Conversion +71 %, Nutzerzufriedenheit +38 %, Cost per Acquisition –42 %. Kulturpsychologie wurde vom blinden Fleck zum Wachstumstreiber.

Kulturelle Empathie als strategisches Asset

Wer psychologische Produktentwicklung ernst nimmt, muss auch kulturelle Psychologie integrieren. Denn Entscheidungen entstehen nicht im luftleeren Raum, sondern in einem kulturellen Koordinatensystem aus Werten, Normen und Erfahrungen.

Ein Produkt, das diese Tiefe versteht und gestaltet, wird nicht nur akzeptiert, sondern geliebt. Es spricht die Sprache seiner Nutzer, nicht nur wörtlich, sondern psychologisch. Und das ist der entscheidende Unterschied im globalen Wettbewerb.

19 Der „Job to be Done" als psychologisches Narrativ

Die emotionale Tiefe hinter funktionalen Zielen

Die Theorie der „Jobs to be Done" (JTBD) ist längst ein fester Bestandteil moderner Produktentwicklung. Sie besagt, dass Nutzer Produkte nicht einfach kaufen, sondern „mieten", um eine bestimmte Aufgabe zu erledigen. Dieser Perspektivwechsel hat dazu geführt, dass viele Teams aufhörten, sich in Features zu verlieren, und begannen, über konkrete Nutzungssituationen nachzudenken. Doch was häufig fehlt, ist ein noch tieferes Verständnis dafür, *warum* diese Jobs überhaupt existieren – psychologisch, emotional, identitätsbasiert.

Ein Nutzer möchte vielleicht „seine Aufgaben organisieren", aber dahinter steht der Wunsch nach Kontrolle, nach Ordnung im Chaos des Alltags, vielleicht auch das Streben, als zuverlässig oder diszipliniert wahrgenommen zu werden. Genau diese Motive sind entscheidend für Bindung, Begeisterung und Preisbereitschaft. Wer JTBD nur funktional denkt, baut Lösungen. Wer JTBD psychologisch denkt, stiftet Bedeutung.

Die drei Schichten eines echten Jobs

Ein vollständiger Job to be Done besteht aus mehreren Ebenen. Die funktionale Ebene beschreibt, was der Nutzer *tun* will, eine Aufgabe strukturieren, einen Bericht exportieren, einen Termin koordinieren. Sie ist wichtig, aber nur die Spitze des Eisbergs.

Darunter liegt die emotionale Ebene: Wie möchte sich der Nutzer währenddessen und danach fühlen? Sicher, produktiv, wichtig, inspiriert? Hier entstehen die eigentlichen Hebel für Bindung. Wenn ein Produkt hilft, Stress zu reduzieren oder das Gefühl von Kontrolle zu stärken, wird es mehr als nur Werkzeug, es wird zum Anker.

Die tiefste Ebene ist die identitätsbezogene: Was sagt die Nutzung eines Produkts über den Nutzer aus? Wer will er oder sie *sein*? Ein proaktiver Leader? Eine verlässliche Teamstütze? Ein effizienter Entscheider? Diese Ebene ist selten explizit, aber sie prägt Verhalten, Präferenzen und Loyalität. Ein Produkt, das mit dem Selbstbild seiner Nutzer in Resonanz tritt, wird zur Marke, nicht nur zur Software.

Wie man emotionale Jobs erkennt

Das Erkennen dieser tieferen Jobs beginnt mit Zuhören, aber anders als gewohnt. Statt Nutzer zu fragen: „Welche Funktion brauchst du?", sollte man fragen: „Wie fühlst du dich aktuell?" und „Was verändert sich, wenn du das Tool nutzt?" Eine mächtige Methode dafür ist das Erzählenlassen: Wie sieht das Leben *vor* dem Produkt aus und wie *danach*? Diese „Before-After"-Narrative offenbaren Spannungsfelder wie Frustration vs. Klarheit oder Isolation vs. Zugehörigkeit.

Die klassische „5-Why"-Methode lässt sich emotional aufladen: Nicht nur funktionale Kausalketten verfolgen („Warum brauchst du das?"), sondern so lange nach dem *Warum* fragen, bis ein emotionaler Kern sichtbar wird. Oft kommt man dann vom „Ich will effizienter sein" zum „Ich habe das Gefühl, die Kontrolle zu verlieren" oder „Ich will mich nicht wieder inkompetent fühlen".

Nützlich ist auch die Frage nach dem identitären Wert: „Was sagt es über dich aus, wenn du dieses Produkt nutzt?" Die Antworten führen zu überraschend tiefen Erkenntnissen, etwa: „Dann habe ich das Gefühl, Teil der Zukunft zu sein." oder „Dann zeige ich mir selbst, dass ich meine Arbeit ernst nehme."

Tools wie eine erweiterte JTBD-Canvas können helfen, diese Erkenntnisse zu strukturieren. Felder für emotionale Zustände, gewünschtes Selbstbild oder soziale Bedeutung machen sichtbar, wie viel mehr ein Job sein kann als nur eine Aufgabe.

Umsetzung in Produkt und Kommunikation

Ein psychologisch gedachter JTBD verändert den gesamten Produktentwicklungsprozess. Features werden nicht mehr nur nach ihrer Funktion gebaut, sondern nach ihrem Beitrag zur Identitätsbildung. Ein Kalender ist dann nicht nur eine Liste von Terminen, sondern ein Raum für Selbstorganisation. Eine Notiz-App wird zum digitalen Spiegel des eigenen Denkens.

Auch das Onboarding verändert sich: Statt einfach nur Funktionen zu zeigen, wird das Selbstbild aktiviert. „Willkommen, du hast dich für Klarheit entschieden" oder „Du gehörst jetzt zu denen, die den Überblick behalten", das sind Botschaften, die weit über Bedienbarkeit hinausreichen.

Preisgestaltung kann sich an dieser Tiefe orientieren. Produkte mit identitätsstiftendem Wert rechtfertigen höhere Preise. Der Nutzer zahlt nicht nur für Features, sondern für Zugehörigkeit, Selbstbestätigung, Sicherheit.

Im Marketing ist das emotionale Zielbild zentral. Kampagnen, die nicht nur zeigen, *was* das Produkt kann, sondern *wer* der Nutzer dadurch wird, erzeugen Resonanz. Statt „Organisiere deine Projekte" lieber: „Werde zum Dirigenten deines Teams". Statt „Analysiere deine Daten" lieber: „Entscheide wie ein Profi".

Auch die Feature-Priorisierung verändert sich. Funktionen, die das Selbstbild stützen, werden wichtiger, selbst wenn sie selten genutzt werden. Andere, funktional relevante, aber psychologisch leere Features verlieren an Bedeutung. Produktentwicklung wird damit zu psychologischer Gestaltung.

Beispiel: Vom Tool zur Identität

Ein Anbieter für Projektmanagementsoftware erkannte, dass er funktional kaum gegen Platzhirsche wie Trello oder Jira ankam. Statt weiter mit Features zu konkurrieren, entschied sich das Team für ein emotionales Reframing des JTBD: „Ich will nicht nur Projekte managen, ich will mich als souveräner Projektlenker fühlen."

Die Umsetzung: Aufgaben wurden zu „Missionen", das Dashboard zeigte Fortschritte in Form einer „Reise", Erfolgsberichte wurden visuell aufbereitet und als persönliche Errungenschaften gefeiert. Die Tonalität änderte sich: weniger technisch, mehr inspirierend. Statt „Task abgeschlossen" hieß es: „Mission erfüllt – weiter so!"

Das Resultat: Die durchschnittliche Bindungsdauer stieg, die Zahlungsbereit-schaft erhöhte sich, und Nutzer empfahlen das Tool emotional begründet weiter. Nicht: „Weil es gut funktioniert", sondern: „Weil ich mich damit wie ein echter Profi fühle."

Funktion ist Pflicht – Bedeutung ist Kür

Der „Job to be Done" ist nicht nur ein Werkzeug zur Feature-Priorisierung. Er ist ein Fenster in das psychologische Innenleben der Nutzer. Wer versteht, *was Menschen sein wollen*, wenn sie ein Produkt nutzen, kann echte Erlebnisse schaffen, keine bloßen Anwendungen.

Produkte, die sich in die Identität ihrer Nutzer einfügen, werden nicht nur ver-wendet, sie werden *gelebt*. Und das ist der Unterschied zwischen einem Tool, das man kündigt und einem, das man verteidigt.

20 Behavioral Design im Produktalltag: Mikroverhalten gezielt gestalten

Verhalten entsteht nicht im Kopf, sondern im Kontext

Im Alltag der Produktentwicklung dominiert oft das große Denken: neue Märkte, neue Technologien, neue Funktionen. Doch wer nur auf das Große zielt, übersieht das Entscheidende – nämlich die kleinen, alltäglichen Handlungen, aus denen Nutzung überhaupt erst besteht. Genau hier setzt Behavioral Design an: Es fokussiert sich auf das konkrete Verhalten von Menschen in spezifischen Situationen – und darauf, wie man dieses Verhalten durch Gestaltung beeinflussen kann.

Anders als klassische UX, die sich primär mit der Gestaltung der Oberfläche beschäftigt, geht Behavioral Design tiefer. Es analysiert die Entscheidungsarchitektur, die psychologische Situation, in der sich ein Mensch befindet – und gestaltet genau dort. Es geht nicht um Bevormundung, sondern um Unterstützung. Nicht um Überredung, sondern um Erleichterung. Der zentrale Gedanke lautet: Gutes Design macht das *richtige Verhalten* nicht nur möglich, sondern naheliegend.

Warum Mikroverhalten den Unterschied macht

Verhalten ist nie ein Zufall. Es entsteht aus Mustern, Gewohnheiten, Anreizen – und aus dem Design, das diese Muster aktiviert oder behindert. Menschen handeln nicht rational, sondern situativ. Sie folgen der Option, die am leichtesten zugänglich, am schnellsten verständlich oder emotional am attraktivsten ist. Wer das versteht, erkennt: Die besten Features nützen nichts, wenn sie nicht im richtigen Moment sichtbar, verstehbar und einfach nutzbar sind.

Behavioral Design betrachtet daher jedes Verhalten als das Ergebnis eines Systems. Wenn ein Nutzer eine Aufgabe nicht abschließt, ist die Frage nicht: „Warum hat er es nicht gewollt?", sondern: „Was hat ihn daran gehindert?" War der Aufwand zu hoch? Die Unsicherheit zu groß? Der Trigger zu schwach? Genau hier liegt der Hebel: Nicht mehr erklären, sondern gestalten.

Ein Beispiel: Eine App zur Terminvereinbarung hatte viele Abbrüche kurz vor der Bestätigung. Die Analyse zeigte: Die Nutzer wussten nicht, ob der Termin auch wirklich in ihren Kalender übernommen wird. Eine einfache, grafisch hervorgehobene Information – „Dieser Termin erscheint automatisch in deinem Kalender" – reduzierte die Abbruchrate um 31 %. Kein neues Feature, kein großer Umbau – nur Behavioral Design im Detail.

Drei Prinzipien für wirksame Verhaltensgestaltung

Behavioral Design funktioniert über Struktur, nicht über Zwang. Drei Prinzipien machen den Kern aus:

1. Friction als Verhaltensregler: Reibung ist kein Fehler – sondern ein Werkzeug. Wo Verhalten gewünscht ist, sollte Friction so gering wie möglich sein: Weniger Klicks, klare Sprache, vorausgefüllte Felder, visuelle Führung. Wo Verhalten kritisch ist – etwa bei einer Kündigung oder einem Kauf –, kann bewusst Friction eingebaut werden: ein zusätzlicher Schritt, eine Reflexionsfrage, ein Sicherheitshinweis. Friction wird so zum ethischen Designmittel.

2. Wahlarchitektur gestalten: Menschen treffen bessere Entscheidungen, wenn ihnen Optionen sinnvoll präsentiert werden. Was ist Default? Was ist hervorgehoben? Was wirkt „normal"? Ein Beispiel: In einer Banking-App wurde die Option „2 € pro Woche automatisch sparen" als Vorauswahl angeboten. Ergebnis: +48 % Nutzung der Sparfunktion. Niemand wurde gezwungen – aber viele fühlten sich eingeladen.

3. Feedback nutzen: Verhalten wird verstärkt, wenn es Rückmeldung erzeugt. Ein grüner Haken, ein Lob, ein Fortschrittsbalken – all das sind psychologische Verstärker. Menschen wollen Wirkung sehen. Wenn ein Klick, ein Upload oder eine Entscheidung sichtbar „etwas bewegt", steigt die Motivation. Feedback ist damit keine Kür, sondern ein zentrales Element psychologisch kluger Gestaltung.

Anwendung im Produktalltag

Behavioral Design ist keine Spezialdisziplin, es ist Teil der alltäglichen Produktarbeit. Jedes Onboarding, jede Formularseite, jeder Call-to-Action ist eine Verhaltensschnittstelle. Wer diese Schnittstellen systematisch gestaltet, erzeugt Wirkung mit minimalem Aufwand.

Ein Beispiel aus dem SaaS-Bereich: Eine Software zur Zeiterfassung hatte Probleme mit der Erfassung am Tagesende. Nutzer vergaßen, ihre Zeiten zu speichern. Das Team implementierte eine kleine Intervention: Nach 18 Uhr erschien ein dezenter Hinweis – „Möchtest du deine heutigen Zeiten noch speichern?" – mit einem Button direkt im Dashboard. Ergebnis: +42 % mehr abgeschlossene Zeiterfassungen.

Ein Newsletter-Tool passte seine Call-to-Actions kontextsensitiv an: Statt immer unten am Text wurde der Button eingeblendet, sobald 60 % des Textes gelesen wurden – ein Moment, in dem Nutzer typischerweise entscheiden, ob sie „dabei bleiben" wollen. Ergebnis: Bounce Rate –22 %, Klickrate +17 %.

Auch Commitment Devices sind wirkungsvoll: Ein Ziel-Tracker, der Nutzer bittet, sich selbst zu einem wöchentlichen Ziel zu verpflichten („Ich plane 3 Lerneinheiten") – verbunden mit einer Erinnerungsfunktion – verdoppelte in einem Lernprodukt die wöchentliche Aktivität. Wieder: kein Zwang. Nur Design.

Ein Werkzeugkasten für Behavioral Product Design

Behavioral Design lässt sich systematisch integrieren. Ein praxistauglicher Werkzeugkasten umfasst unter anderem:

- *Choice Architecture Check:* Sind die Optionen klar, sinnvoll gruppiert, psychologisch gewichtet? Ist die Default-Wahl plausibel und fair?

- *Feedback Loops sichtbar machen:* Wird Wirkung sofort und positiv erlebbar? Gibt es Bestätigung, Belohnung, Fortschritt?

- *Verhaltenstrigger analysieren*: Was passiert *vor* dem Verhalten? Welche Reize (Zeit, Ort, Nachricht) lösen Nutzung aus?

- *Micro-Commitments einbauen:* Kleine Selbstverpflichtungen helfen, Verhalten zu verstetigen – z. B. Checkboxen, Erinnerungstexte, Fortschrittsanzeigen.

Diese Tools müssen nicht alle gleichzeitig genutzt werden. Aber sie schaffen ein Bewusstsein für die vielen kleinen Entscheidungen, die Verhalten wahrscheinlicher machen oder unwahrscheinlicher.

Verhalten gestalten heißt Wirkung gestalten

Behavioral Design zeigt: Die größte Hebelwirkung liegt oft im Kleinen. In Mikrotexten, Defaults, Hinweisen, Timings. Dort, wo niemand hinsieht, aber jeder entscheidet. Wer diese Details bewusst gestaltet, baut Produkte, die nicht nur gut gemeint, sondern gut gemacht sind.

Verhaltensdesign ist keine Magie. Es ist angewandte Psychologie im Alltag der Produktentwicklung. Und es ist einer der effektivsten Wege, echte Nutzererlebnisse zu schaffen, weil es dort ansetzt, wo Verhalten wirklich entsteht: im Moment der Entscheidung.

21 Der psychologische Lifecycle eines Produkts: Von Relevanzaufbau bis Bedeutungsverlust

Die emotionale Reise eines Produkts

Produkte werden nicht nur entwickelt, gelaunchet und genutzt, sie werden erlebt. Und dieses Erleben folgt einer psychologischen Dynamik, die sich mit technischen Innovationszyklen nur teilweise deckt. Denn während Feature-Listen, Roadmaps oder technische Upgrades die äußere Entwicklung beschreiben, läuft auf Seiten der Nutzer ein zweiter Prozess ab: ein emotionaler Lifecycle, der bestimmt, wie bedeutsam ein Produkt in ihrem Alltag ist und bleibt.

Zu Beginn steht fast immer Begeisterung: Ein neues Tool, ein neuer Service, eine neue App, die ein konkretes Problem lösen oder einen ersehnten Nutzen versprechen. Doch diese Anfangseuphorie hält selten lange. Schon bald wandelt sich das Verhältnis – aus Neuheit wird Gewohnheit, aus Begeisterung wird Nutzung, aus Interesse wird Routine. Und genau dann beginnt der kritische Teil der Beziehung: Kann das Produkt mehr sein als nur Werkzeug? Wird es Teil der eigenen Arbeitshaltung, des Selbstbilds, der alltäglichen Struktur? Oder verblasst es leise, aber stetig?

Von der Neugier zur Gleichgültigkeit – und wieder zurück?

Vier psychologische Phasen prägen den Lebenszyklus eines Produkts aus Sicht der Nutzer. Sie beginnen mit der Phase der *Initialen Relevanz*. In dieser Phase ist das Produkt neu, unverbraucht, voller Möglichkeiten. Die Neugier ist hoch, die Aufmerksamkeit groß. Der Nutzer projiziert Erwartungen in das Produkt und ist bereit, kleine Hürden zu nehmen. Entscheidend ist, wie schnell das Produkt einen echten Aha-Moment liefert. Wer hier überzeugt, legt den Grundstein für Bindung.

Darauf folgt die *Integrationsphase*. Das Produkt wird Teil der alltäglichen Routinen. Es ist nicht mehr aufregend aber verlässlich. Die emotionale Tonlage verändert sich: Nicht mehr Neugier, sondern Vertrauen, Zuverlässigkeit, Funktionalität stehen im Vordergrund. In dieser Phase entscheidet sich, ob ein Produkt ein

„Lieblingstool" oder ein „Brot-und-Butter-Tool" wird. Beides kann funktionieren, doch auch beides birgt Risiken.

Denn mit der Zeit setzt eine Phase ein, die man als *psychologische Erosion* bezeichnen kann. Die Gewöhnung wird zur Gleichgültigkeit. Das Produkt wirkt „ok, aber nicht mehr spannend". Neue Angebote erscheinen attraktiver, ohne zwingend besser zu sein. Frustrationen, die früher akzeptiert wurden, treten nun in den Vordergrund. Oft ist das kein bewusster Bruch, sondern eine schleichende Entfremdung. Die emotionale Relevanz sinkt, auch wenn die Funktionalität gleich bleibt. Diese Phase ist kritisch, denn hier entscheidet sich, ob ein Produkt stirbt oder sich erneuert.

In der letzten Phase – *Ablösung oder Reaktivierung* – zeigt sich, ob das Produkt es schafft, neue Bedeutung zu stiften. Manchmal gelingt das durch gezielte Feature-Updates, die nicht nur neue Funktionen bringen, sondern eine neue Geschichte erzählen. Manchmal durch Reframing: Die gleiche Lösung, aber mit neuem Kontext, neuer Tonalität, neuer Relevanz. Und manchmal, wenn nichts mehr wirkt, endet die Beziehung. Leise, unauffällig, aber endgültig.

Frühwarnsysteme für den Bedeutungsverlust

Es gibt klare Signale, dass ein Produkt in die Phase der psychologischen Erosion eintritt. Wenn Nutzer aufhören, Feedback zu geben – oder nur noch negativ –, ist das ein Zeichen für Entfremdung. Wenn die Nutzung zwar gleich bleibt, aber keine Tiefe, kein Engagement, keine Begeisterung mehr spürbar ist, sollte man hellhörig werden. Wenn Support-Tickets sich zunehmend um Nebensächlichkeiten drehen („Warum kann ich die Farbe nicht ändern?"), ist das oft kein funktionaler, sondern ein emotionaler Hilferuf: „Ich habe das Gefühl, wir haben uns entfremdet."

Auch Vergleichstests, die Nutzer aktiv anstellen („Was kann XY, was dieses Tool nicht kann?"), sind ein Indikator dafür, dass das innere Commitment bröckelt. Dann reicht es nicht, neue Features hinzuzufügen, dann braucht es neue emotionale Anknüpfungspunkte.

Wege zurück zur Relevanz

Wie aber lässt sich emotionale Relevanz erneuern? Zunächst: durch das Setzen von Meilensteinen. Kleine, gezielte Momente, in denen der Nutzer eine positive Überraschung erlebt, ein persönliches Erfolgserlebnis hat oder sich an seinen ursprünglichen Nutzen erinnert fühlt. Diese Momente müssen nicht groß sein, aber sie müssen *fühlbar* sein.

Zweitens hilft ein periodisches Reframing. Märkte, Nutzer und Kontexte ändern sich. Was vor zwei Jahren relevant war, ist es heute vielleicht nicht mehr. Nicht, weil das Produkt schlechter wurde, sondern weil sich das Leben der Nutzer verändert hat. Die zentrale Frage lautet dann: *Warum ist unser Produkt gerade jetzt wieder wichtig?*

Auch Feature-Renewal kann helfen, aber nur, wenn es einen klaren Nutzen stiftet. „Neues" ist kein Wert an sich. Es muss eine echte Lücke füllen, einen neuen Job übernehmen oder einen alten Job besser machen. Und: Die Kommunikation muss das *Warum* erzählen, nicht nur das *Was*.

Kommunikative Reaktivierung ist ebenso wirksam. Kampagnen, die reale Nutzergeschichten zeigen, emotionale Case Studies oder ein Relaunch mit frischer Tonalität und Design können helfen, den Blick der Nutzer auf das Produkt neu zu justieren. Dabei ist Authentizität wichtiger als Perfektion.

Eine weitere Strategie ist das Begleiten persönlicher Entwicklung. Nutzer reifen, wachsen, verändern sich. Ein Produkt, das diesen Wandel mitgeht – etwa durch neue Features für Fortgeschrittene, durch neue Rollen im Team, durch modulare Erweiterbarkeit – bleibt psychologisch anschlussfähig. Es wird zum Begleiter, nicht zum Werkzeug.

Ein praktisches Beispiel

Ein etabliertes Projektmanagement-Tool verlor über Monate hinweg Nutzer an neue Wettbewerber, trotz hoher technischer Stabilität. Die Analyse zeigte: Die emotionale Positionierung war veraltet. Nutzer bezeichneten das Tool als

„verlässlich, aber uninspiriert". Die Antwort war kein technisches Re-Engineering, sondern ein Relevanz-Reboot.

Das Team führte ein neues „Ziele-Modul" ein, mit emotionaler Aufladung: „Führ dein Team zum Erfolg". Die Oberfläche wurde entschlackt, das Design aktualisiert, das Wording inspirierender gestaltet. Zusätzlich wurde eine Kampagne mit echten Nutzerstorys gelauncht. Die Wirkung war messbar: Mehr Aktivität, mehr Rückgewinnung, mehr Empfehlungen. Nicht wegen eines neuen Features, sondern wegen einer neuen Bedeutung.

Relevanz ist kein Zustand, sondern ein Prozess

Produkte altern nicht nur technisch, sie altern emotional. Und diese emotionale Alterung ist oft entscheidender für Bindung und Abwanderung als Features oder Preise. Wer Relevanz als psychologischen Prozess versteht, kann diesen bewusst gestalten: durch kluge Inszenierung, durch kommunikative Pflege, durch echte Anschlussfähigkeit an den Lebensalltag der Nutzer.

Die wichtigste Frage lautet deshalb nicht: „Was fehlt unserem Produkt an Funktionen?" Sondern: „Was fehlt unserem Produkt an Bedeutung?" Denn Bedeutung ist das, was bleibt, wenn alles andere vergleichbar wird.

22 Die Psychodynamik von Feedback: Wie Rückmeldungen das Produkt formen (oder verzerren)

Feedback ist Beziehung, nicht Statistik

In Umfeld digitaler Produkte scheint Feedback ein rationales Instrument zu sein: eine Datenspur, die uns sagt, was gut läuft und was nicht. Doch wer glaubt, Feedback sei objektiv, läuft Gefahr, seine Tiefe zu verkennen. Denn Feedback ist in erster Linie Ausdruck einer Beziehung zwischen Nutzer und Produkt, zwischen Erwartung und Erleben, zwischen Kontrolle und Ohnmacht.

Das bedeutet: Feedback ist immer psychologisch aufgeladen. Es trägt Emotionen, Haltungen, Motive und oft auch Frustration oder Sehnsucht. Wer es nur zählt, verpasst seinen wahren Wert. Feedback muss gelesen werden wie ein Dialog. Nicht nur „Was wurde gesagt?", sondern „Warum wurde es so gesagt?", „Was bleibt ungesagt?" und „Was wird zwischen den Zeilen kommuniziert?"

Diese Dimension zu erkennen, macht den Unterschied zwischen reaktivem und reflektiertem Produktmanagement. Denn nicht alles, was laut ist, ist wichtig, und nicht alles, was leise bleibt, ist bedeutungslos. Die wahre Kunst liegt darin, Feedback nicht nur zu hören, sondern zu *verstehen*.

Was Feedback wirklich antreibt

Menschen geben Feedback aus Gründen, die über reine Produktoptimierung hinausgehen. Es ist ein sozialer Akt, ein emotionales Signal, manchmal auch ein stiller Hilferuf. Oft geht es um mehr als das Feature oder den Bug: Es geht um Selbstwirksamkeit. Um Anerkennung. Um das Bedürfnis, Einfluss zu nehmen.

Ein Nutzer, der sich die Mühe macht, ein Formular auszufüllen, eine Mail zu schreiben oder ein Supportticket zu öffnen, tut das meist nicht aus Langeweile. Er will gehört werden. Gesehen werden. Oder verstanden werden. Und selbst negatives Feedback ist oft ein Zeichen von Verbundenheit: Wer völlig enttäuscht ist, schweigt. Wer noch hofft, redet.

Diese Einsicht verändert den Umgang mit Rückmeldungen grundlegend. Plötzlich geht es nicht mehr nur um Priorisierung, sondern um Interpretation. Um das psychologische Motiv hinter der Äußerung. Und um die emotionale Dynamik, die sie geprägt hat.

Verzerrungen, die das Bild trüben

Trotz ihrer Bedeutung sind Feedbackdaten oft verzerrt. Nicht alle Nutzer äußern sich und die, die es tun, sind nicht repräsentativ. Besonders häufig: die Dominanz negativer Stimmen. Zufriedene Nutzer schweigen. Enttäuschte melden sich. So entsteht ein Echo, das ein Produkt schlechter wirken lässt, als es tatsächlich ist.

Hinzu kommen weitere Effekte: Lautstärke wird mit Relevanz verwechselt. Häufige Beschwerden wirken dringlich, obwohl sie vielleicht nur einen kleinen Teil der Nutzer betreffen. Oder Rückmeldungen werden zu wörtlich genommen: Wenn jemand sagt, „das Feature ist verwirrend", meint er womöglich: „Ich habe den Kontext nicht verstanden."

Auch auf Seite des Teams wirken psychologische Verzerrungen. Confirmation Bias führt dazu, dass Rückmeldungen nur dann ernst genommen werden, wenn sie bestehende Annahmen bestätigen. Groupthink verhindert, dass unbequeme Kritik ausreichend hinterfragt wird. Und manchmal verteidigt sich das Team instinktiv. Sucht die Schuld beim Nutzer, nicht beim Produkt.

Deshalb braucht es eine neue Haltung: Feedback ist keine Bewertung, sondern eine Einladung zur Analyse. Es ist nicht das letzte Wort, sondern der Anfang einer Frage.

Feedback als Designsignal verstehen

Die produktive Nutzung von Feedback beginnt mit dem Verstehen seiner Struktur. Welche Rückmeldungen sind Einzelfälle? Welche weisen auf systemische Schwächen hin? Welche Themen kehren immer wieder? Und welche Formulierungen deuten auf emotionale Tiefen hin, die über reine Funktionalität hinausweisen?

Ein wirkungsvolles Instrument ist die psychologische Übersetzung: Statt das Gesagte wörtlich zu nehmen, fragt man: Was könnte dahinterliegen? Ein Beispiel: „Die App ist langsam" kann bedeuten: „Ich verliere das Vertrauen in eure Performance." Oder: „Ich bin in Eile und euer Produkt passt nicht mehr in meinen Alltag."

Auch das aktive Einholen von Feedback verändert dessen Qualität. Wer fragt: „Was hat Sie überrascht?", bekommt andere Antworten als bei: „Wie zufrieden sind Sie?" Gute Fragen erzeugen bessere Rückmeldungen, weil sie den Nutzer dazu bringen, tiefer zu reflektieren.

Wichtig ist zudem die Filterung im Team. Nicht jedes Feedback sollte ungefiltert in der Organisation zirkulieren. UX-Research oder Produktverantwortliche sollten helfen, Muster zu identifizieren, emotionale Dynamiken einzuordnen und blinde Flecken zu vermeiden. Feedback ist mächtig, aber nur, wenn es verantwortungsvoll interpretiert wird.

Fallbeispiel: Eine Lektion in Fehlinterpretation

Ein junges EdTech-Unternehmen hatte eine moderne, durchdachte Lernplattform. Dennoch häuften sich Rückmeldungen wie: „Das Interface ist unlogisch", „Ich finde mich nicht zurecht". Das Team interpretierte dies als Designproblem und überarbeitete Navigation, Icons und Farbkontraste.

Doch der Effekt blieb aus. Die Rückmeldungen kamen weiterhin, leicht verändert, aber nicht weniger deutlich. Erst eine qualitative Analyse brachte den wahren Grund ans Licht: Die Nutzer verstanden nicht, wie die Inhalte aufgebaut waren. Sie wussten nicht, in welcher Reihenfolge sie lernen sollten, welches Ziel sie verfolgten oder wann ein Modul abgeschlossen war.

Das Problem lag nicht im Interface, sondern in der Didaktik. Die Nutzer waren nicht überfordert mit dem Design, sie waren orientierungslos im Inhalt. Nachdem das Onboarding überarbeitet, die Struktur visualisiert und ein Fortschrittsmodell eingeführt wurde, verschwanden die Beschwerden fast vollständig.

Dieses Beispiel zeigt eindrücklich: Feedback muss übersetzt werden. Die erste Deutung ist selten die richtige. Und oft liegt der Schlüssel nicht in der Oberfläche, sondern in der Struktur darunter.

Der stille Dialog

Feedback ist keine objektive Bewertung, sondern ein psychologischer Dialog. Es spiegelt Beziehung, Haltung, Emotion. Und es ist eine Einladung zur gemeinsamen Produktentwicklung, wenn man bereit ist, zuzuhören, zu hinterfragen und zu deuten.

Wer Feedback psychologisch versteht, erkennt darin nicht nur Kritik oder Lob, sondern Information über Bedürfnisse, Erwartungen und blinde Flecken. Und wer damit klug umgeht, entwickelt nicht nur bessere Produkte, sondern tiefere Beziehungen.

23 Decision Fatigue und Produktarchitektur: Warum weniger Auswahl oft mehr bringt

Entscheidung als unsichtbarer Kostenfaktor

Im Alltag der Produktentwicklung wird häufig über Performance, Features und Usability gesprochen, selten jedoch über eine der entscheidendsten Hürden im Nutzererlebnis: die Erschöpfung durch Entscheidungen. Dabei ist jede Entscheidung, und sei sie noch so klein, mit kognitiver Anstrengung verbunden. Diese Anstrengung bleibt unsichtbar, bis sie zur Schwelle wird, die Nutzer vom nächsten Schritt abhält.

Das psychologische Phänomen der Entscheidungsmüdigkeit, im Englischen „Decision Fatigue", beschreibt diesen Mechanismus präzise. Es besagt: Je mehr Entscheidungen wir innerhalb kurzer Zeit treffen müssen, desto geringer wird die Qualität dieser Entscheidungen. Wir greifen zu Routinen, treffen suboptimale Wahlentscheidungen oder vermeiden Entscheidungen ganz. Und das geschieht nicht nur bei großen Lebensfragen, sondern auch im Interface eines Produkts.

Wie kognitive Überforderung Nutzer blockiert

Moderne Softwareprodukte bieten oftmals eine Vielzahl an Funktionen, Optionen und Konfigurationsmöglichkeiten. Das kann mächtig sein oder überfordern. Wenn der Nutzer sich beim ersten Einstieg mit zehn verschiedenen Auswahlmöglichkeiten konfrontiert sieht, beginnt die Entscheidungsmüdigkeit sofort zu wirken. Es ist nicht der Mangel an Information, der ihn zögern lässt, sondern das Zuviel.

In solchen Situationen fehlt oft die Führung. Was zuerst wie Freiheit erscheint, wird schnell zur Last. Ohne klare Empfehlung, visuelle Hierarchie oder psychologische Orientierung wird jede Option zur Zumutung. Der Nutzer steht vor einem Dschungel an Möglichkeiten und verliert sich. Das Ergebnis: Entweder springt er ab. Oder er entscheidet sich für das Erstbeste, nicht, weil es passt, sondern weil es am wenigsten wehtut.

Diese Dynamik ist besonders kritisch in frühen Phasen der Nutzerreise, etwa im Onboarding oder bei der Tarifauswahl. Aber auch in fortgeschrittenen Nutzungsszenarien kann sie auftreten: etwa bei den Einstellungen, beim Funktionsumfang, bei der Integration externer Tools. Überall dort, wo Entscheidungslast nicht gestaltet, sondern nur präsentiert wird, entsteht psychologischer Widerstand.

Die Kunst der Vereinfachung

Die Lösung liegt nicht in der Entmündigung, sondern in der Entlastung. Gute Produktarchitektur nimmt Entscheidungen nicht ab, aber sie erleichtert sie. Sie arbeitet mit Default-Werten, mit Priorisierung, mit Kontextualisierung. Statt zehn gleichwertige Optionen auf einmal anzubieten, strukturiert sie Auswahlprozesse in Sequenzen. Statt jede Entscheidung sofort zu verlangen, nutzt sie progressive Offenlegung. Statt alles gleichzeitig zu zeigen, denkt sie in Schichten.

Ein zentrales Werkzeug dabei ist das Setzen von Empfehlungen: Defaults, die als psychologisch sicherer Pfad erscheinen. Sie wirken nicht autoritär, sondern fürsorglich, im Sinne von: „Wir wissen, was funktioniert. Du kannst es ändern, aber du musst nicht." Diese implizite Entlastung reduziert kognitive Last und schafft Orientierung.

Ein weiteres Mittel ist die visuelle Gewichtung. Was größer, farblich markiert oder sprachlich empfohlen ist, wirkt automatisch relevanter. Hier greift ein unbewusstes Prinzip der kognitiven Ökonomie: Aufmerksamkeit folgt dem Leichteren. Wer also will, dass Nutzer eine bestimmte Entscheidung treffen, muss diese nicht forcieren, sondern erleichtern.

Auch der zeitliche Kontext spielt eine Rolle. Entscheidungen sollten dann gestellt werden, wenn der Nutzer dafür bereit ist, nicht schon im ersten Schritt, sondern dann, wenn der Bedarf klar ist. Eine Nachfrage zur Integration von Dritttools macht mehr Sinn nach der ersten erfolgreichen Nutzung als beim Erstkontakt.

Entscheidungsarchitektur in der Praxis

Ein besonders eindrucksvolles Beispiel stammt aus der Welt der B2B-SaaS-Produkte. Ein E-Mail-Marketing-Tool hatte in seiner Setup-Strecke zwölf Checkboxen für verschiedene Features. Die Conversion-Rate lag bei 21 %. Nutzer fühlten sich überfordert oder klickten planlos weiter. Nach einem Redesign, das drei klar benannte Voreinstellungen („Einsteiger", „Standard", „Experte") anbot und alle weiteren Optionen unter einem aufklappbaren Bereich versteckte, stieg die Conversion auf 41 %.

Der Effekt war eindeutig: Weniger Auswahl, klarere Struktur, niedrigere Entscheidungslast, bessere Ergebnisse. Und das bei gleichbleibender Funktionsvielfalt. Es war nicht das Produkt, das sich veränderte, sondern die Art, wie es Entscheidungen präsentiert.

Ein anderes Beispiel: Eine Lernplattform zeigte beim Login alle Kurse in gleichwertiger Darstellung. Nutzer berichteten von Orientierungslosigkeit. Nach einer Reorganisation mit einem hervorgehobenen „Nächster empfohlener Schritt" stieg die Abschlussrate von Modulen um 36 %. Die Entscheidung wurde nicht erzwungen, aber erleichtert.

Psychologische Prinzipien verstehen und anwenden

Hinter diesen Maßnahmen stehen fundierte Modelle. Hick's Law beschreibt den Zusammenhang zwischen Anzahl der Optionen und Entscheidungszeit. Je mehr Optionen, desto langsamer und fehleranfälliger wird die Entscheidung. Das Paradox of Choice zeigt: Mehr Auswahl führt nicht zu mehr Zufriedenheit, sondern zu mehr Unsicherheit, Reue und Inaktivität.

Die Cognitive Load Theory wiederum erklärt, dass unser Arbeitsgedächtnis begrenzt ist. Wenn es durch zu viele gleichzeitige Informationen überfordert wird, sinkt nicht nur das Verständnis, sondern auch die Handlungsfähigkeit. Für Produktteams bedeutet das: Jedes Interface-Element, jede Option, jede Entscheidung kostet Aufmerksamkeit. Und Aufmerksamkeit ist endlich.

Weniger wählen, mehr wirken

Decision Fatigue ist kein UX-Randthema, sondern ein strategischer Faktor in der Produktentwicklung. Wer sie ignoriert, riskiert Drop-outs, Frustration und ineffektive Nutzung. Wer sie versteht, kann mit kleinen, klugen Interventionen große Wirkung erzielen.

Das Ziel ist nicht, dem Nutzer Entscheidungen abzunehmen, sondern ihm zu helfen, gute Entscheidungen einfacher zu treffen. Denn ein gutes Produkt überzeugt nicht durch Umfang, sondern durch Klarheit. Und Klarheit entsteht nicht durch Fülle, sondern durch Struktur.

24 Psychologie des Scheiterns: Wie man mit Frustration, Fehlern und Abbruch produktiv umgeht

Scheitern als Teil der Nutzerreise verstehen

Das Thema Scheitern wird häufig im Unternehmertum wie ein Fehler behandelt – als Ausnahme, die es zu vermeiden gilt. Doch diese Sichtweise ist trügerisch. Scheitern ist kein Ausrutscher, sondern ein integraler Bestandteil jeder Produktentwicklung. Kein System ist fehlerfrei, keine Nutzerreise komplett reibungslos. Die entscheidende Frage lautet also nicht, *ob* Nutzer an einem Punkt frustriert oder überfordert sind, sondern *wie* das Produktmanagement mit diesen Momenten umgeht.

Psychologisch betrachtet liegt in diesen Momenten eine große Chance: Wer sich in der Frustration verstanden fühlt, wer Unterstützung erfährt, statt sich allein gelassen zu sehen, baut eine tiefere Beziehung zum Produkt auf. Die emotionale Reaktion auf Frust kann von Ablehnung zu Bindung kippen, wenn das Produkt psychologisch klug reagiert. Diese Form von produktivem Scheitern ist kein UX-Unfall, sondern ein Beziehungsangebot.

Die emotionale Dynamik des Scheiterns

Nutzer erleben Frustration auf sehr individuelle Weise, doch psychologisch lassen sich einige Muster erkennen. In dem Moment, in dem etwas nicht funktioniert, brechen Erwartungen zusammen. Was leicht und intuitiv sein sollte, wird zum Hindernis. Daraus entstehen typische Reaktionen: Manche Nutzer fühlen sich hilflos und ziehen sich zurück. Andere reagieren mit Ärger und suchen die Schuld beim Produkt. Wieder andere zweifeln an sich selbst, ein besonders heikles Szenario, denn es beschädigt nicht nur die Nutzererfahrung, sondern auch das Selbstbild.

In vielen Fällen endet die Frustration mit Flucht: Der Nutzer schließt die App, verlässt die Seite oder löscht den Account. Nicht, weil das Produkt objektiv schlecht ist, sondern weil die emotionale Unterstützung im kritischen Moment fehlte. Wer Scheitern als reines Funktionsthema behandelt, übersieht diese emotionale Komponente.

Doch Frustration muss kein Bruch sein. Sie kann zu einem Katalysator für Vertrauen werden, wenn das Produkt zeigt: „Wir sehen dich. Wir helfen dir. Und du bist nicht allein."

Scheitern gestalten – mit Empathie und Struktur

Die Gestaltung von Fehler- und Abbruchmomenten ist kein Nebenschauplatz, sie ist ein zentrales Element der psychologischen Produktstrategie. Eine empathisch formulierte Fehlermeldung kann mehr bewirken als jedes neue Feature. Sie zeigt dem Nutzer, dass sein Scheitern antizipiert wurde. Dass Hilfe da ist. Dass das Produkt nicht nur für die glatten Momente gebaut wurde, sondern auch für die holprigen.

Wichtig ist dabei, dass Fehler nicht dramatisiert, aber auch nicht bagatellisiert werden. Eine klare, unterstützende Sprache, die Orientierung gibt und nächste Schritte anbietet, ist zentral. Ebenso entscheidend ist der einfache Wiedereinstieg: Wer das Produkt verlassen hat, sollte bei der Rückkehr genau dort weitermachen können, wo er aufgehört hat, ohne erneut Frust zu erleben.

Besonders wirksam ist das Prinzip der Selbstwirksamkeit: Nutzer sollen nicht nur Hilfe erhalten, sondern auch erleben, dass sie selbst etwas tun können. Das kann durch Schritt-für-Schritt-Anleitungen, interaktive Hinweise oder ein Support-Angebot im richtigen Moment geschehen. Entscheidend ist die emotionale Botschaft: „Du kannst das lösen und wir helfen dir dabei."

Selbstironische Sprache, visuelle Leichtigkeit oder humorvolle Hinweise können ebenfalls helfen, die Schwere des Moments zu entschärfen. Aber Vorsicht: Humor muss zur Zielgruppe passen und darf nie über das eigentliche Problem hinweggehen. Sonst wirkt er zynisch statt unterstützend.

Frustration als Bindungsangebot nutzen

Ein gelungenes Beispiel dafür, wie Frustration in Bindung verwandelt werden kann, lieferte ein FinTech-Unternehmen, das seine Identifikationsstrecke komplett neu konzipierte. Ursprünglich war der Prozess geprägt von technischen Hürden, unklarer Kommunikation und dem Gefühl, im entscheidenden Moment allein gelassen zu werden. Die Abbruchraten waren hoch, das Feedback frustriert.

Statt nur an der Technik zu arbeiten, veränderte das Team die gesamte Nutzerführung: Der Ablauf wurde verständlich erklärt („Was passiert in den nächsten drei Minuten?"), alternative Zeitfenster für die Durchführung angeboten und die Sprache empathisch angepasst. Statt „Fehler" lautete die Botschaft nun: „Versuch's nochmal, wir begleiten dich."

Diese kleine Verschiebung in der Tonalität – von technisch zu menschlich, von belehrend zu unterstützend – hatte große Wirkung. Die Erfolgsquote stieg deutlich, der Frust sank. Entscheidend war: Das Unternehmen hatte verstanden, dass Frustration nicht beseitigt, sondern gestaltet werden muss.

Noch tiefer geht das psychologische Reframing. Ein Fehler kann als Lernmoment inszeniert werden: „Viele brauchen zwei Anläufe, hier ist, wie du's besser machst." Oder als Fortschrittssignal: „Du bist schon weit gekommen, nur noch ein Schritt." So wird aus dem Scheitern ein Element der Erfolgsgeschichte.

Auch die Attribution ist entscheidend. Wenn Nutzer das Gefühl bekommen, *sie selbst* seien das Problem, schadet das langfristig der Beziehung. Erfolgreiches Reframing nimmt diese Last vom Nutzer und richtet sie auf das System: „Das war nicht klar genug von uns, wir bessern nach." Damit wird Verantwortung übernommen, ohne Schuld zuzuweisen.

Der empathische Umgang mit dem Unvermeidlichen

Scheitern ist unvermeidlich, aber die Art, wie es gestaltet wird, ist entscheidend. Wer Fehler, Abbrüche und Frustration nicht als Ausnahme, sondern als reguläre

Stationen der Nutzerreise versteht, gewinnt einen zentralen Hebel für Vertrauen, Bindung und Weiterentwicklung.

Ein gutes Produkt erkennt die emotionale Dimension des Scheiterns und baut Strukturen, Sprache und Interaktionen so, dass daraus keine Trennung entsteht, sondern eine vertiefte Beziehung. Denn wer auch in schwierigen Momenten da ist, wird nicht als Tool wahrgenommen, sondern als Partner.

25 Psychologische Ownership: Wie Nutzer das Produkt zu „ihrem" machen

Besitz beginnt im Kopf

Wenn wir über Nutzerbindung sprechen, denken wir häufig an Funktionalität, Performance oder Nutzenversprechen. Doch was digitale Produkte wirklich unersetzlich macht, ist ein psychologischer Effekt, der tiefer reicht: das Gefühl von Eigentum. Dieses Phänomen, bekannt als „psychologisches Ownership", beschreibt die emotionale Beziehung eines Menschen zu etwas, das er als „sein Eigen" empfindet, auch wenn kein rechtlicher oder physischer Besitz vorliegt.

Im Bereich des Software-Produktmanagements ist dieser Mechanismus besonders relevant. Denn was unterscheidet eine App, die ich gerne nutze, von einer, die ich liebe? Es ist das Gefühl, dass sie „mir gehört". Dass sie meinen Alltag, meine Sprache, meine Entscheidungen widerspiegelt. Dieses Gefühl entsteht nicht durch technische Raffinesse allein, sondern durch eine gezielte Gestaltung der Beziehung zwischen Nutzer und System.

Wie Ownership entsteht – und warum es so stark wirkt

Psychologisches Eigentum basiert auf drei wesentlichen Säulen: Kontrolle, Investition und Vertrautheit. Kontrolle meint, dass Nutzer Einfluss nehmen können, sei es auf die Struktur, die Inhalte oder den Ablauf ihrer Nutzung. Diese Kontrolle ist mehr als eine Funktion; sie ist ein Ausdruck von Autonomie und Selbstwirksamkeit.

Der zweite Mechanismus ist Investition. Wer Zeit, Energie oder Kreativität in ein System steckt, entwickelt eine emotionale Bindung. Diese Investition kann aktiv erfolgen, durch das Anpassen eines Dashboards, das Erstellen von Inhalten oder das Konfigurieren von Workflows. Aber auch passive Investitionen – etwa durch gewachsene Nutzungshistorien – tragen zur Identifikation bei.

Der dritte Faktor ist Vertrautheit. Wenn sich ein Produkt über die Zeit „vertraut" anfühlt, wenn Routinen entstehen und sich die Nutzung natürlich einfügt, entsteht eine emotionale Nähe. Der Nutzer muss nicht mehr überlegen, wie etwas funktioniert, es fühlt sich an wie ein gut eingetragener Schuh. Diese Vertrautheit erhöht die Wechselkosten, nicht nur funktional, sondern auch emotional.

Zusammen erzeugen diese drei Faktoren ein tiefes Gefühl der Zugehörigkeit. Ein Produkt wird dann nicht mehr als externes Tool erlebt, sondern als Teil des eigenen Systems, der eigenen Identität.

Wege zur Gestaltung von Ownership

Das Gefühl von Ownership lässt sich gezielt fördern, nicht durch Manipulation, sondern durch empathisches Design. Ein zentraler Hebel ist die Personalisierung. Wenn ein Nutzer Farben, Layouts, Benennungen oder Funktionsmodule anpassen kann, entsteht eine erste Brücke zum Eigentum. Die Oberfläche spiegelt dann nicht nur das Produkt, sondern den Nutzer selbst.

Besonders wirkungsvoll ist die Möglichkeit, eigene Inhalte zu schaffen. Ob es sich um selbst erstellte Boards, individuelle Kategorien, Favoritenlisten oder Workspaces handelt, sobald Nutzer etwas aufbauen, entsteht Bindung. Wichtig ist, dass diese Gestaltungen sichtbar und relevant bleiben. Wenn ich mein eigenes Setup sehe, wird das Produkt zum Spiegel meines Arbeitsstils.

Ein weiterer Aspekt ist die Schaffung von Entscheidungsspielräumen. Wer seinen Weg durch ein Setup wählen darf, wer bestimmen kann, wann er welches Feature aktiviert, fühlt sich als aktiver Gestalter, nicht als passiver Konsument. Diese Freiheit stärkt nicht nur das Gefühl von Kontrolle, sondern erhöht auch die Zufriedenheit mit den getroffenen Entscheidungen.

Auch der sichtbare Fortschritt spielt eine Rolle. Wenn ein Produkt mir zeigt, wie weit ich gekommen bin, was ich erreicht habe oder wie sich meine Nutzung verändert, entsteht Stolz, und Stolz ist ein starker Verstärker für psychologisches Eigentum. Fortschrittsbalken, Achievement-Meldungen oder personalisierte Rückblicke ("Du hast diesen Monat 14 Projekte abgeschlossen") aktivieren dieses Prinzip.

Darüber hinaus kann Ownership durch soziale Sichtbarkeit gestärkt werden. Wenn Nutzer ihre eigenen Setups teilen, ihre Anwendungsideen präsentieren oder Teil einer Community werden, überträgt sich die persönliche Bedeutung auf eine soziale Ebene. Wer sein System mit anderen teilt, bekräftigt unbewusst: „Das bin ich, so arbeite ich."

Schließlich ist auch Feedback entscheidend. Wenn das Produkt Rückmeldung gibt, etwa durch kleine Bestärkungen wie „Gut gemacht!" oder durch die Reaktion auf individuelle Gestaltung, dann spiegelt es dem Nutzer seine eigene Leistung wider. Diese Art der Resonanz ist zentral für das Gefühl, dass die eigene Nutzung gesehen und wertgeschätzt wird.

Ein praktisches Beispiel: Von Funktion zu Beziehung

Ein Organisationstool hatte lange Zeit eine Einheitsoberfläche. Nutzer konnten wenig verändern, alles sah gleich aus, egal, wer es nutzte. Die Nutzung war stabil, aber flach. Es gab wenig Engagement, kaum Austausch in der Community, kaum Loyalität.

Mit einem Update führte der Softwareanbieter die Möglichkeit ein, Dashboards vollständig zu individualisieren. Farben, Layouts, Widgets, Benennungen, alles war gestaltbar. Die Reaktion war überwältigend. Nutzer begannen, ihre Setups auf Social Media zu posten, in Foren ihre Lieblingskonfigurationen zu zeigen und anderen Tipps zu geben.

Die Zahlen spiegelten diese Dynamik: Die Nutzungsfrequenz stieg um über ein Drittel, die Empfehlungsrate um mehr als die Hälfte. Die Churn-Rate ging deutlich zurück. Die technische Funktionalität hatte sich kaum verändert, aber die emotionale Beziehung zum Produkt war neu.

Was hier deutlich wird: Psychologisches Ownership ist kein Add-on, sondern ein strategischer Kern von Produktbindung. Wer es schafft, aus einem Tool einen persönlichen Begleiter zu machen, der schafft etwas, das schwer zu kopieren ist: emotionale Verankerung.

Produkte, die sich wie Eigentum anfühlen, bleiben

Ein Produkt, das funktioniert, wird genutzt. Ein Produkt, das sich *wie meins* anfühlt, wird geliebt. Die Gestaltung psychologischen Eigentums ist eine der stärksten Wachstumsstrategien, weil sie jenseits von Funktion und Preis wirkt. Sie verankert das Produkt im Leben des Nutzers, nicht als Werkzeug, sondern als Ausdruck von Identität.

Ownership lässt sich nicht einfach programmieren, aber es lässt sich ermöglichen. Durch Wahlmöglichkeiten, durch Individualisierung, durch Resonanz. Und vor allem: durch die Haltung, Nutzer nicht als Nutzer zu sehen, sondern als Mitgestalter.

26 Die Rolle von Emotionen im B2B-Software-markt – Rational ist die Oberfläche

B2B ist menschlicher als gedacht

Auf den ersten Blick wirken B2B-Entscheidungen wie Musterbeispiele rationalen Handelns. Tabellen, Ausschreibungen, KPIs, Vergleichsportale, alles scheint dem Ideal der Vernunft verpflichtet. Doch hinter der formalen Oberfläche wirken Emotionen. Sie zeigen sich nicht laut und offensichtlich, sondern subtil: in der Auswahl vertrauter Marken, in der Angst, sich zu blamieren, in der Sehnsucht nach Anerkennung. Der Irrglaube, im Business-to-Business gehe es allein um Funktion und Preis, verkennt die menschliche Realität hinter jedem Kaufprozess.

Die emotionale Ebene zeigt sich in vielen Facetten. Da ist zum einen die Vertrauensfrage: Wer eine Entscheidung trifft, will sich auf sein Gegenüber verlassen können, nicht nur auf die Technik, sondern auch auf die Haltung. Eine Lösung mag technisch überlegen sein, aber wenn sie nicht vermittelt, dass sie „den Laden im Griff hat", verliert sie an Boden. Emotionen prägen das Bild, das Entscheider von einem Produkt haben, lange bevor sie es getestet haben. Sie wirken in Farben, in Sprache, in Geschichten. Und sie entscheiden darüber, ob ein Produkt als sicher, inspirierend oder riskant empfunden wird.

Emotionale Hebel im Entscheidungskontext

Emotionen im B2B-Bereich lassen sich nicht immer direkt beobachten, aber sie lassen sich systematisch erschließen. Ein starker Hebel ist das Thema Vertrauen. Denn wer im Unternehmenskontext entscheidet, setzt sich selbst dem Urteil anderer aus. Die Frage ist nicht nur: Funktioniert das Produkt? Sondern auch: Wie sieht es aus, wenn ich mich dafür entscheide? Die Angst vor Reputationsschäden spielt dabei eine immense Rolle und sorgt dafür, dass viele Entscheider lieber auf die bekannte, scheinbar sichere Lösung setzen als auf die bessere, aber unbekannte.

Ein weiterer emotionaler Treiber ist das Bedürfnis nach Status. Software ist heute nicht mehr nur Mittel zum Zweck, sie ist auch Ausdruck von Innovationsgeist,

Gestaltungswillen, Zukunftsfähigkeit. Wer als progressiv gelten will, entscheidet sich für Lösungen, die genau dieses Bild vermitteln, auch wenn sie (noch) nicht perfekt sind. Umgekehrt greifen konservative Entscheider lieber zu Lösungen, die Stabilität ausstrahlen und nicht durch allzu viel Veränderung auffallen.

Auch das Selbstbild spielt eine Rolle: Führungskräfte, die sich als umsetzungsstarke Pragmatiker sehen, bevorzugen schlanke Tools, klare Abläufe, wenig Schnickschnack. Visionäre Gestalter hingegen fühlen sich zu Plattformen hingezogen, die offen, skalierbar, vielseitig erscheinen. Die Passung zwischen Produkt und Selbstbild entscheidet oft darüber, welche Lösung sich „richtig" anfühlt, und genau darum geht es am Ende: um das Gefühl, die richtige Entscheidung getroffen zu haben.

Nicht zu unterschätzen ist auch der Wunsch nach kognitiver Entlastung. Viele B2B-Entscheider sind chronisch überlastet, jonglieren mit Informationsflut, Projektstau und politischem Druck. In solchen Situationen entscheiden sie nicht mehr analytisch, sondern intuitiv und folgen dem, was emotional entlastend wirkt: eine klare Startseite, eine sympathische Story, eine einfache Preistabelle. All das vermittelt: Hier musst du nicht noch mehr denken, hier wirst du geführt.

Wie Produkte emotional anschlussfähig werden

Wer ein B2B-Produkt entwickelt oder vermarktet, tut gut daran, diese emotionalen Bedürfnisse ernst zu nehmen, nicht manipulativ, sondern empathisch. Denn Menschen wollen verstanden werden, gerade im Business-Kontext, wo so viel auf dem Spiel steht. Der erste Schritt ist, Vertrauen nicht nur zu behaupten, sondern zu zeigen. Das gelingt durch visuelle Klarheit, durch transparente Kommunikation, durch persönliche Ansprechpartner. Eine Software kann kalt wirken oder souverän. Der Unterschied liegt in der Tonalität, in der Präsentation, in der Art der Einführung.

Storytelling ist ebenfalls ein zentraler Hebel. Statt nur technische Daten aufzulisten, überzeugen echte Geschichten: Wie hat ein Projektleiter eine chaotische Situation durch das Tool in den Griff bekommen? Wie fühlt sich ein CFO nach dem Wechsel zu einer neuen Lösung? Solche Erzählungen schaffen emotionale Nähe und damit Vertrauen. Wichtig ist dabei, Menschen sichtbar zu machen: Gesichter, Namen, Zitate. B2B heißt nicht: unpersönlich. Es heißt: mit Verantwortung, und die lässt sich am besten durch reale Erfahrungen kommunizieren.

Auch Communitys wirken emotional. Wer sieht, dass andere mit ähnlichen Herausforderungen dieselben Tools nutzen, fühlt sich bestärkt. Peer-Learning, Roundtables, Kundenbeiräte, all das sind Formate, die emotionale Zugehörigkeit schaffen. Und sie senken das Risikogefühl: Wenn andere damit arbeiten, kann es so falsch nicht sein.

Nicht zuletzt gilt: Support ist ein Beziehungsangebot. Ein empathischer Einstieg, ein persönlicher Ansprechpartner, eine wertschätzende Kommunikation, all das wirkt stärker als jeder Chatbot. Entscheider erinnern sich nicht nur an das Produkt, sondern an die Menschen dahinter. Wer das ernst nimmt, gewinnt nicht nur Kunden, sondern Fürsprecher.

Die emotionale Intelligenz des B2B-Markts

B2B ist nicht emotionsfrei, es ist emotional *anders*. Wer unter der Oberfläche der Rationalität die psychologischen Muster erkennt, versteht auch, warum manche Produkte gewinnen und andere trotz besserer Features verlieren. Es sind nicht nur die Funktionen, die zählen. Es ist das Gefühl, dass eine Entscheidung richtig war. Dass sie zum eigenen Stil passt. Dass sie schützt, stärkt, erleichtert.

Deshalb lohnt es sich, B2B-Produkte nicht nur technisch zu denken, sondern menschlich. Das beginnt mit Sprache, geht über Design und endet bei Haltung. Produkte, die im Business-Kontext erfolgreich sein wollen, brauchen beides: funktionale Stärke und emotionale Anschlussfähigkeit. Denn auch Entscheider sind Menschen, mit Verantwortung, mit Erwartungen, mit Ängsten. Und wer diese ernst nimmt, gewinnt nicht nur Kunden. Sondern Vertrauen.

27 Mentale Modelle der Nutzer verstehen: Wie Produktlogik auf Denklogik treffen muss

Intuitiv ist kein Zufall

Es gibt digitale Produkte, die man in die Hand nimmt und sofort versteht. Und es gibt solche, bei denen man sich fragt: "Was soll das hier eigentlich?" Oft ist der Unterschied nicht technischer Natur. Es geht nicht um die Anzahl der Funktionen oder die Innovationskraft. Es geht um *Intuition*. Und Intuition ist kein Zufall. Sie ist das Ergebnis von etwas Tieferem: der Übereinstimmung zwischen der inneren Denklogik der Nutzer und der Struktur des Produkts. Dieses Denkmodell nennt man *Mental Model*.

Ein Mental Model ist die Vorstellung, wie ein System funktionieren sollte. Diese Vorstellung basiert nicht auf Fakten, sondern auf Erfahrungen, Analogien und Erwartungen. Wenn ein digitales Produkt diesen Erwartungen entspricht, wird es als intuitiv erlebt. Wenn nicht, entsteht Reibung und nicht selten Ablehnung.

Produktteams haben die Aufgabe, diese Denkmodelle zu erkennen, zu respektieren und aktiv zu gestalten. Denn ein gutes Produkt ist nicht nur funktional, es ist anschlussfähig. Es passt sich an das Denken der Nutzer an oder schafft es, dieses Denken gezielt weiterzuentwickeln, ohne zu überfordern.

Wie Denklogik und Produktlogik auseinanderfallen

Die größte Quelle für Irritation liegt oft in einem einfachen Missverhältnis: Das Produktteam lebt in der internen Logik der Technik. Der Nutzer aber lebt in der Welt der Alltagserfahrung. Die Begriffe, die Struktur, die Reihenfolge von Abläufen, all das ergibt für das Team Sinn, weil es tief im System steckt. Für den Nutzer hingegen fühlt es sich oft fremd, unlogisch oder schlicht falsch an.

Ein Beispiel: Das Wort "Instanz" ist für Entwickler klar und eindeutig. Für die meisten Nutzer ist es abstrakt, bedeutungslos oder missverständlich. Oder denken wir an "Workspaces", "Boards", "Pipelines", alles Begriffe mit technischer oder konzeptueller Tiefe, aber ohne klare Verankerung im Alltagssprachgebrauch vieler Nutzer.

Hinzu kommt, dass viele Nutzer sich durch andere Tools ein implizites Erwartungsset aufgebaut haben. Wenn eine Kalender-App nicht so funktioniert wie Google Calendar, fühlt sich das falsch an. Selbst wenn das neue Produkt objektiv besser ist. Unsere Denkmodelle sind stark von Gewohnheiten geprägt. Was davon abweicht, wirkt wie ein Regelbruch.

Besonders kritisch wird es, wenn technische Hierarchien nicht mit den mentalen Ordnungsmustern der Nutzer übereinstimmen. Ein Nutzer denkt in Aufgaben, Zielen oder Themen. Ein Produkt denkt in Datenbanken, Strukturen und Objektbeziehungen. Diese Asymmetrie zu überbrücken ist die wahre Kunst der UX.

Gestaltung für kognitive Anschlussfähigkeit

Was bedeutet das für die Praxis? Es bedeutet, dass Design nicht bei Oberflächen beginnt, sondern bei Denkmodellen. Eine Oberfläche, die die Denkweise der Nutzer ignoriert, bleibt trotz bester Optik unzugänglich.

Daher ist ein zentraler Schritt: mit Nutzern sprechen. Nicht über Features, sondern über ihre Denklogik. Wie würden sie ein Problem strukturieren? Welche Begriffe nutzen sie? Was erwarten sie an welcher Stelle? Diese Erkenntnisse müssen die Basis jeder Informationsarchitektur sein.

Ein zweiter Schritt ist sprachliche Sensibilität. Labels, Menüs und Begriffe wirken wie Wegweiser oder wie Stolpersteine. Ein Button, der "Veröffentlichen" heißt, wird anders verstanden als "Teilen". Eine Sektion namens "Meine Aktivitäten" erzeugt andere Erwartungen als "Verlauf". Kleine Unterschiede mit großer Wirkung.

Außerdem sollten digitale Produkte sich in ihrem Informationsfluss an der kognitiven Kapazität orientieren. Progressive Disclosure – also das stufenweise Offenlegen von Komplexität – ist kein Übervorsicht, sondern psychologisch notwendig. Wer zu viel auf einmal präsentiert, verliert Nutzer im Nebel. Wer hingegen das Richtige zur richtigen Zeit zeigt, baut Vertrauen auf.

Gute Metaphern können hier helfen. Sie schaffen Anker im Bekannten. "Ordner" und "Ablagen" sind vertraut, "Karten" oder "Listen" auch. Doch Metaphern sind zweischneidig: Wenn sie nicht passen oder in sich widersprüchlich sind, erzeugen sie Frustration. Eine "Karte" mit Drop-down-Logik? Ein "Board" ohne Spalten? Irritation ist programmiert.

Schließlich gilt es, die Nutzung systematisch auszuwerten. Nicht nur quantitativ, sondern qualitativ. Wo klicken Nutzer ins Leere? Wo wiederholen sie Schritte? Was wird übersehen? Das sind Rückmeldungen auf der Ebene des Mental Models. Und sie zeigen, wo Produktlogik und Denklogik noch nicht zusammenpassen.

Praxisfall: Denkmodell trifft Systemidee

Ein konkretes Beispiel verdeutlicht die Bedeutung dieses Prinzips. Ein Startup entwickelte ein Aufgaben-Tool, das statt der klassischen Listenstruktur mit "Themenräumen" arbeitete. Eine starke Idee: Inhalte kontextualisieren, statt sie linear zu sortieren. Doch das Nutzerwachstum stagnierte.

In Interviews stellte sich heraus: Die Nutzer verstanden das System schlicht nicht. "Wo sind meine Aufgaben hin?" oder "Ich will einfach nur eine Liste machen" waren häufige Aussagen. Das Produkt war nicht falsch, es war nur zu weit weg vom gewohnten Denken.

Die Lösung: ein hybrides Modell. Listenstruktur als primäre Orientierung, Themenräume als optionale Tiefe. Visualisierung wurde angepasst, Sprache vereinheitlicht. Und plötzlich stimmte der Anschluss wieder. Die Nutzung stieg um 63 Prozent, die Verweildauer verdoppelte sich. Nicht, weil das Produkt grundlegend besser wurde. Sondern weil es *vertrauter* wurde.

Denken ernst nehmen

Mental Models sind keine UX-Spielerei. Sie sind das Fundament der Wahrnehmung. Wenn ein Nutzer ein Produkt als "intuitiv" beschreibt, meint er: "Es denkt wie ich." Diese Anschlussfähigkeit ist der Schlüssel zu Klarheit, Vertrauen und positiver Nutzererfahrung.

Ein Produkt, das sich nicht an Denkmodellen orientiert, bleibt fremd. Eines, das sie aufgreift und weiterentwickelt, fühlt sich vertraut an, auch wenn es komplex ist. Deshalb sollten Produktteams weniger fragen: "Ist das logisch?" Sondern: "Ist das anschlussfähig?"

Denn letztlich entscheidet nicht die Systemlogik über Erfolg, sondern das Gefühl, *verstanden* zu werden. Und dieses Gefühl entsteht dort, wo Produktdesign auf Denkdesign trifft.

28 Die Psychologie des Wartens – Zeitwahrnehmung, Geduld und Design

Warten ist unvermeidlich – aber gestaltbar

In der digitalen Produktwelt lässt sich das Warten nicht vermeiden. Ob beim Laden von Inhalten, beim Verifizieren eines Kontos oder beim Bearbeiten einer Supportanfrage, Nutzer sind regelmäßig gezwungen, Zeit verstreichen zu lassen. Für viele Teams ist die Devise daher: Ladezeiten minimieren, Prozesse beschleunigen, Wartezeit eliminieren. Doch dieses Streben nach Geschwindigkeit greift oft zu kurz. Denn es ist nicht nur die Dauer des Wartens, die entscheidend ist, sondern, wie diese Wartezeit wahrgenommen wird.

Psychologisch betrachtet ist Warten eine hochemotionale Erfahrung. Wenn die Gestaltung stimmt, kann Wartezeit sogar ein wertvoller Moment werden: zur Vertrauensbildung, zur Information, zur Stärkung der Nutzerbeziehung. Es kommt darauf an, die Zeit nicht als Leerraum zu begreifen, sondern als gestaltbare Episode innerhalb der Nutzerreise.

Wahrnehmung formt Geduld

Aus Sicht der Nutzer ist das Warten selten ein reiner Zeitfaktor. Es ist ein emotionaler Zustand, geprägt von Erwartung, Unsicherheit, Hoffnung oder Frust. Eine der zentralen Erkenntnisse der Psychologie lautet: Wir sind eher bereit zu warten, wenn wir verstehen, *warum* wir warten, *wie lange* es dauert und *was* währenddessen passiert. Ein Ladebildschirm ohne Hinweis wirkt wie Stillstand. Ein Fortschrittsbalken mit Erklärungen dagegen erzeugt Transparenz und Kontrolle.

Unbestimmte Wartezeit gehört zu den frustrierendsten Erfahrungen überhaupt. Wenn Nutzer nicht wissen, ob etwas hängt oder läuft, entsteht ein Gefühl der Hilflosigkeit. Die Dauer selbst tritt in den Hintergrund, es geht um das Vertrauen, dass etwas geschieht und dass sie als Nutzer gesehen werden. Sichtbare Aktivität, auch wenn sie technisch nicht notwendig wäre, kann beruhigen und das Gefühl geben, dass die Zeit sinnvoll genutzt wird.

Dabei spielt auch das Gerechtigkeitsempfinden eine Rolle. In Support-Kontexten beispielsweise wird Wartezeit dann als besonders unfair erlebt, wenn andere Nutzer bevorzugt erscheinen oder wenn unklar bleibt, wie der Ablauf strukturiert ist. Transparente Informationen wie „Sie sind Nummer 5 in der Warteschlange" oder „Durchschnittliche Wartezeit: 3 Minuten" helfen, die eigene Geduld besser zu steuern.

Gestaltungsprinzipien für wartende Nutzer

Gute Wartezeitgestaltung beginnt mit Empathie. Der erste Schritt ist, anzuerkennen, dass Warten eine psychologisch sensible Phase ist. Statt sich ausschließlich auf technische Optimierung zu konzentrieren, lohnt es sich, die Nutzererfahrung *innerhalb* dieser Zeit zu gestalten. Das beginnt bei der Sprache: Ein neutraler Hinweis wie „Bitte warten" kann Unsicherheit fördern. Eine Formulierung wie „Wir richten gerade dein persönliches Dashboard ein – das dauert ca. 10 Sekunden" gibt Orientierung und erzeugt Wert.

Fortschrittsindikatoren gehören zu den wirkungsvollsten Mitteln, um Wartezeit spürbar zu machen. Balken, die sich bewegen, Checklisten, die Schritte markieren, oder Animationen mit erklärender Begleitung helfen dem Nutzer, ein Gefühl für den Ablauf zu entwickeln. Noch stärker wirken kombinierte Ansätze: Wenn Fortschritt nicht nur visuell, sondern auch semantisch vermittelt wird („Wir analysieren gerade deine Daten", „Wir suchen das beste Angebot für dich"), entsteht ein Eindruck von Aktivität und Fürsorge.

Ein weiterer wirksamer Hebel liegt darin, die Wartezeit nicht nur zu überbrücken, sondern aktiv zu nutzen. Etwa, indem man hilfreiche Informationen einblendet, ein Feature vorstellt oder den nächsten Schritt vorbereitet. Aus bloßem Zeitverstreichen wird so eine produktive Phase. Nutzer fühlen sich informiert, vorbereitet und ernst genommen.

Zugleich ist es hilfreich, das *Warum* der Wartezeit transparent zu machen. Aussagen wie „Wir prüfen deine Angaben, um dein Konto sicher zu machen" oder „Wir vergleichen gerade über 40 Anbieter für dich" erzeugen ein Gefühl von

Leistung, Fürsorge und Qualität. Sie zeigen: Die Wartezeit ist kein Fehler, sondern Teil eines sinnvollen Prozesses.

Schließlich spielt auch die emotionale Begleitung eine Rolle. Ein freundlicher Ton, humorvolle Illustrationen oder personalisierte Hinweise („Schön, dass du wieder da bist – gleich geht's weiter") können aus einem kritischen Moment einen sympathischen machen. Und wenn es zu lang dauert: Gib dem Nutzer eine Alternative. Die Möglichkeit, den Prozess später fortzusetzen, per E-Mail erinnert zu werden oder in der Zwischenzeit andere Aufgaben zu erledigen, kann Frust vermeiden.

Praxisbeispiel: Vertrauen durch inszenierte Wartezeit

Ein digitales Versicherungsportal stand vor dem Problem, dass viele Nutzer den Prozess der Tarifberechnung abbrachen. Die Ladezeit betrug im Schnitt sieben Sekunden, technisch akzeptabel, psychologisch jedoch kritisch. Die frühere Lösung war ein simpler Ladehinweis: „Berechnung läuft...", doch das erzeugte kein Vertrauen, sondern Unsicherheit.

Das Team entschied sich für einen neuen Ansatz: Der Ladebildschirm wurde zu einer kleinen Erzählfläche. Der Text lautete nun: „Wir vergleichen gerade 47 Tarife für dich – das dauert etwa 10 Sekunden." Dazu ein Fortschrittsbalken, ergänzt durch Stichworte wie „Anbieter prüfen", „Details auslesen", „Ergebnisse personalisieren". Der Abschluss-Screen begrüßte den Nutzer persönlich: „Danke fürs Warten, Lena, hier sind deine besten Optionen."

Das Resultat war eindrucksvoll: Die Abbruchrate sank um über 50 Prozent. Gleichzeitig stieg das Vertrauen in den Prozess, gemessen durch qualitative Rückmeldungen und eine deutlich geringere Absprungrate nach Anzeige der Ergebnisse. Die Wartesekunde war kein Hinderungsgrund mehr, sondern ein Moment der Beziehung, weil sie gestaltet wurde.

Warten als Gestaltungsmoment begreifen

Wartezeiten werden im digitalen Raum häufig als Mangel erlebt, als Zeichen von Ineffizienz oder Unprofessionalität. Doch diese Sichtweise verkennt das psychologische Potenzial des Wartens. Richtig inszeniert, kann Wartezeit mehr sein als geduldiges Aushalten. Sie kann ein Moment der Kommunikation, des Vertrauens, der Nutzerführung sein.

Es geht also nicht darum, Zeitlücken nur zu überbrücken, sondern darum, sie bewusst zu nutzen. Wer erkennt, dass Zeitwahrnehmung gestaltbar ist, kann Frustration reduzieren, Nutzerbindung erhöhen und sein Produkt um eine Dimension bereichern, die selten gesehen wird: die Inszenierung von Geduld.

29 Erwartungsmanagement als psychologisches Designprinzip

Zufriedenheit ist eine Funktion von Erwartungen

Ob ein Nutzer eine Erfahrung als gut oder schlecht empfindet, hängt nur zum Teil vom tatsächlichen Erlebnis ab. Der entscheidendere Teil ist oft die Differenz zwischen dem, was erwartet wurde, und dem, was tatsächlich eintritt. Diese Lücke zwischen Erwartung und Realität bestimmt maßgeblich, ob Nutzer begeistert sind oder enttäuscht. Ein mittelmäßiges Erlebnis kann großartig wirken, wenn die Erwartungen niedrig waren. Umgekehrt kann ein objektiv gelungenes Produkt scheitern, wenn es zu viel versprochen hat.

Deshalb ist Erwartungsmanagement kein Nebenschauplatz, sondern ein zentrales Prinzip psychologisch fundierter Produktgestaltung. Es geht darum, gezielt zu steuern, was Nutzer erwarten dürfen – wie schnell, wie viel, wie einfach, wie emotional – und dieses Erwartungsbild dann zuverlässig einzulösen oder sogar zu übertreffen. Nicht durch Manipulation, sondern durch präzise Kommunikation, durchdachtes Design und empathische Nutzerführung.

Wo Erwartungen entstehen und wie sie wirken

Erwartungen entstehen nicht erst im Produkt selbst. Sie bauen sich schon viel früher auf, durch Marketing, Design, Sprache, durch frühere Erfahrungen mit ähnlichen Tools oder durch soziale Kontexte. Ein Nutzer, der auf einer Hochglanz-Landingpage landet, erwartet intuitiv ein durchdachtes Interface. Eine humorvolle Tonalität wiederum kann eine leichtgängige UX signalisieren und mit Frust besonders schwer vereinbar sein.

Jedes visuelle Detail, jede Formulierung, jede Animation erzeugt mentale Vorannahmen. Und diese prägen, wie Nutzer den nächsten Schritt erleben. Besonders kritisch wird es, wenn der erste Eindruck Leichtigkeit verspricht und das folgende Erlebnis mit Komplexität, Zeitaufwand oder Unklarheit überrascht. Dann kippt die Stimmung schnell. Die Enttäuschung ist nicht das Ergebnis der Funktion, sondern der falsch gesetzten Erwartung.

Ein häufiger Fehler im Erwartungsdesign ist das sogenannte Overpromising: Wenn Texte oder UI-Elemente zu viel versprechen, wird selbst ein gutes Ergebnis zur Enttäuschung. Ebenso problematisch ist verdeckte Komplexität, etwa, wenn ein Registrierungsprozess wie ein One-Klick-Setup wirkt, dann aber in zehn Schritte zerfällt. Nutzer fühlen sich getäuscht, selbst wenn die Schritte sinnvoll sind.

Noch subtiler sind Brüche in der Erwartungslogik, etwa durch unklare Begriffe, widersprüchliche Interaktionen oder fehlende Transparenz im Ablauf. Wenn unklar bleibt, was nach einem Klick passiert, wie lange etwas dauert oder wozu ein Feld gebraucht wird, steigt die Unsicherheit und mit ihr die Absprungrate.

Psychologische Strategien für saubere Erwartungsführung

Gutes Erwartungsmanagement beginnt mit Ehrlichkeit, aber nicht mit Nüchternheit. Es geht darum, realistische Vorstellungen zu vermitteln, ohne Langeweile zu erzeugen. Nutzer dürfen gerne Neugier und Vorfreude empfinden, solange diese auf einem tragfähigen Boden stehen. Statt mit Superlativen zu locken, helfen Formulierungen wie: „Du brauchst keine Programmierkenntnisse, aber ein bisschen Neugier." Oder: „In 5 Minuten startklar und bereit, in deinem Tempo weiterzugehen."

Ein besonders effektives Mittel ist das sogenannte Framing: also der bewusste Rahmen, in den eine Information gesetzt wird. Wer etwa bei Ladezeiten sagt „Das kann bis zu 10 Sekunden dauern", aber bereits nach 4 Sekunden liefert, erzeugt Zufriedenheit. Umgekehrt führt ein Versprechen wie „In wenigen Augenblicken" bei realen 8 Sekunden Wartezeit zu Verärgerung.

Auch kleine Roadmaps und Mikroindikatoren helfen enorm. Wenn ein Nutzer weiß, dass ein Prozess vier Schritte umfasst und gerade bei Schritt zwei ist, erlebt er Fortschritt, nicht Verzögerung. Fortschrittsindikatoren, Vorschauen, „Was passiert als Nächstes?"-Boxen oder kleine Statusmeldungen können Erwartungssicherheit herstellen.

Wichtig ist zudem, emotionale Zwischenschritte zu gestalten. Wer Nutzer belohnt – durch Micro-Celebrations, durch klare Bestätigung („Geschafft!"), durch kleine Fortschrittsbalken –, verlängert ihre Geduld und verstärkt das Gefühl, auf dem richtigen Weg zu sein. Erwartungsmanagement bedeutet auch, Reiseetappen zu markieren, nicht nur Ziele.

Und schließlich: Nimm Signale von Erwartungsbrüchen ernst. Häufige Abbrüche an bestimmten Stellen, Supportanfragen zu scheinbar klaren Funktionen oder negatives Feedback trotz objektiv guter Performance sind Hinweise auf unausgesprochene Enttäuschungen. Erwartungsdiagnose ist oft die halbe Lösung.

Praxisbeispiel: Kalibrierung statt Illusion

Ein Startup im HR-Bereich hatte auf seiner Startseite versprochen: „In 60 Sekunden bist du startklar." Technisch gesehen stimmte das, die Registrierung war tatsächlich schnell. Doch das eigentliche Setup – das Einpflegen von Teamdaten, das Definieren von Rollen, das Anlegen erster Prozesse – dauerte 15 bis 20 Minuten. Die Folge: hohe Absprungraten, viele negative Bewertungen, entnervte Erstnutzer.

Nach einer Neuausrichtung wurde die Kommunikation angepasst. Die Headline lautete nun: „Starte in 1 Minute und sei in 20 Minuten bereit, dein Team zu führen." Begleitend wurde ein Setup-Fortschritt mit vier klar markierten Schritten eingeführt, jeweils mit realistischer Zeitangabe. Jeder Schritt endete mit einer Mini-Erfolgsmeldung, etwa: „Dein Team ist bereit, jetzt geht's an die Rollen."

Das Ergebnis: Die Abbruchrate sank um fast die Hälfte. Gleichzeitig stieg die Setup-Abschlussquote deutlich, und Nutzer bewerteten das Tool positiver, obwohl sich technisch kaum etwas geändert hatte. Es war nicht das Produkt, das besser wurde. Es war die Erwartung, die richtiger gesetzt war.

Erwartungen gestalten, bevor sie enttäuschen

Erwartungen entstehen immer, ob bewusst gesteuert oder nicht. Sie sind das unsichtbare Fundament jeder Nutzererfahrung. Gelingt es, dieses Fundament bewusst zu legen, zu pflegen und weiterzubauen, entsteht ein stabiles emotionales Verhältnis zum Produkt. Nutzer erleben das Produkt als verlässlich, nachvollziehbar und stimmig. Sie bleiben, nicht weil sie müssen, sondern weil sie wollen.

Erwartungsmanagement ist damit kein Detail, sondern ein zentrales Designprinzip. Es bedeutet, das mentale Bild des Nutzers mitzudenken und aktiv zu gestalten. Wer nicht nur liefert, sondern auch klug verspricht, erzeugt Vertrauen. Und Vertrauen ist die Währung langfristiger Nutzerbindung.

30 Die Relevanz der Kontextpsychologie: Wann, wo und warum ein Feature sinnvoll wird

Ohne Kontext kein Verhalten

Nutzerverhalten ist nie ein rein technischer Prozess. Es ist immer eingebettet in eine konkrete Lebenssituation. Wann, wo und warum jemand ein digitales Produkt nutzt, beeinflusst maßgeblich, wie dieses Produkt wahrgenommen, bewertet und verwendet wird. Was im einen Moment hilfreich erscheint, kann im nächsten überfordern. Was morgens am Laptop funktioniert, wirkt abends am Smartphone plötzlich sperrig. Ein und dieselbe Funktion kann je nach Kontext als genial oder störend erlebt werden.

Kontext ist damit kein nebensächlicher UX-Faktor, sondern ein psychologischer Schlüssel zur Relevanz. Die Kontextpsychologie fragt: In welcher Situation trifft der Nutzer auf mein Produkt und wie verändert diese Situation seine Wahrnehmung, seine Bedürfnisse und seine Motivation? Wer hier gezielt gestaltet, schafft nicht nur bessere Erlebnisse, sondern *passendere*.

Kontexte erkennen, verstehen und gestalten

Der Kontext eines Nutzers ist mehr als nur Ort und Uhrzeit. Er besteht aus einem Bündel situativer Faktoren – mal stabil, mal flüchtig, mal bewusst, mal unbewusst. Dazu gehören das verwendete Endgerät, das mentale Energielevel, die Umgebung, in der sich der Nutzer befindet (laut oder leise, privat oder öffentlich), die emotionale Grundverfassung, der soziale Rahmen (allein oder im Team) und nicht zuletzt das Ziel, das der Nutzer in diesem Moment verfolgt.

Nutzer im Büro sind häufig im Umsetzungsmodus: Sie wollen Aufgaben erledigen, effizient vorankommen. Hier zählen Klarheit, Geschwindigkeit und Struktur. Nutzer auf dem Smartphone im Zug hingegen sind eher im Scanning-Modus. Sie wollen kurz reinschauen, überprüfen, orientieren. Hier sind einfache, reduzierte Oberflächen gefragt, die Orientierung und Sicherheit geben. Ein Feature, das in einem Modus glänzt, kann im anderen überfordern oder irritieren.

Ein klassisches Beispiel ist die Nutzung von Kalender-Apps: Was am Desktop mit vielen Funktionen, farblichen Codierungen und Drag-and-Drop überzeugt, kann mobil schnell zu viel werden. Hier braucht es eine kontextoptimierte Variante, mit klaren Prioritäten, starkem Fokus und klarer Informationsreduktion.

Gleichzeitig beeinflusst auch die emotionale Verfassung die Wahrnehmung. Ein Nutzer, der gestresst ist, hat weniger Geduld für komplexe Interaktionen. Ein Nutzer, der sich gerade auf einen wichtigen Termin vorbereitet, möchte klare Strukturen, nicht verspielte Details. Gute Produkte erkennen diese Unterschiede und reagieren darauf.

Kontextuelle Intelligenz als strategische Fähigkeit

Wer Produkte baut, die sich kontextintelligent verhalten, schafft psychologisch anschlussfähige Erlebnisse. Ein adaptives Interface, das sich abhängig vom Endgerät und Tageszeit verändert, ist kein technischer Luxus, sondern eine psychologische Serviceleistung. Auch Microcopy, die auf den Moment eingeht („Nur noch ein Schritt – du schaffst das!"), oder Features, die sich je nach Nutzungssituation automatisch anpassen (z. B. „Schnellzugriff" im mobilen Modus), erhöhen nicht nur die Usability, sondern auch die emotionale Passung.

Zentral ist dabei das Prinzip der situativen Relevanz: Nicht alle Inhalte müssen immer sichtbar sein. Viel wichtiger ist, *der richtige Inhalt zur richtigen Zeit*. Das kann heißen, bestimmte Funktionen bei der Erstanmeldung zu verbergen und erst bei wiederholter Nutzung zu aktivieren. Oder im Onboarding nur das zu zeigen, was für den jeweiligen Use Case relevant ist – je nach Ziel, Rolle oder Vorerfahrung des Nutzers.

Ein weiteres starkes Werkzeug ist das kontextuelle Framing: Wenn ein System etwa erkennt, dass der Nutzer mobil unterwegs ist, kann es bestimmte Handlungen anders benennen oder reduzieren. „In Ruhe bearbeiten" wird dann zu „Später erledigen". Auch Push-Nachrichten lassen sich kontextsensitiv gestalten: Statt standardisierter Erinnerungen („Nicht vergessen...") lieber adaptive Botschaften („Dein Tagesziel wartet, möchtest du es jetzt abschließen?").

Und schließlich: Supportangebote, die genau dann erscheinen, wenn der Nutzer stockt – nicht vorher, nicht später –, sind oft der entscheidende Unterschied zwischen Frust und Flow. Kontextuelle Intelligenz bedeutet, Nutzer dort abzuholen, wo sie wirklich sind, nicht dort, wo wir sie gerne hätten.

Praxisbeispiel: Kontext macht den Unterschied

Ein SaaS-Unternehmen für Projektkoordination hatte eine Erinnerungsfunktion implementiert, die alle Nutzer 15 Minuten vor dem Termin per E-Mail und Pop-up informierte. Doch die Nutzerfeedbacks waren gespalten. Mobil wurde die Nachricht oft als störend empfunden, während sie im Desktop-Kontext als hilfreich galt. Die Lösung: eine kontextsensitive Erinnerung, die auf Plattform und Endgerät reagierte.

Im Büro wurde ein dezentes Pop-up mit Direktlink zur Videokonferenz ausgespielt. Auf dem Smartphone kam stattdessen eine kurze, klickbare Push-Nachricht mit dem Hinweis „Jetzt beitreten". Gleichzeitig wurde die Sprache in beiden Varianten angepasst, prägnant und situationsgerecht. Nach der Umstellung stieg die Teilnahmequote an Meetings um 22 %, die Nutzerzufriedenheit mit dem Erinnerungsfeature verbesserte sich signifikant.

Produkte, die situativ denken, wirken klüger

Psychologisch wirksame Produkte entstehen nicht nur durch Funktionalität, sondern durch Kontextsensibilität. Wer erkennt, in welcher Situation sich Nutzer befinden, kann deren Bedürfnisse, Grenzen und Chancen besser adressieren. Kontext ist nicht das Beiwerk einer Nutzererfahrung, er ist ihr Rahmen.

Wenn digitale Systeme diesen Rahmen bewusst gestalten, entsteht Relevanz, die nicht nur funktional, sondern emotional spürbar ist. Nutzer erleben Produkte dann als mitdenkend, vorausschauend, passend. Und genau das ist die Voraussetzung für nachhaltige Akzeptanz, Vertrauen und letztlich: echte Wirkung.

31 Psychologische Multiplikation: Wie Nutzer zu Verbreitern, Verteidigern und Verstärkern werden

Nutzer sind mehr als Anwender

Die stärkste Form des Marketings ist nicht bezahlt, sie ist verdient. Sie entsteht dann, wenn Nutzer ein Produkt nicht nur verwenden, sondern freiwillig darüber sprechen, es weiterempfehlen, verteidigen oder sogar aktiv verbessern. In dieser Rolle werden sie zu psychologischen Multiplikatoren, zu Menschen, die mehr tun als konsumieren. Sie verstärken Wirkung, weil sie emotional involviert sind. Die Mechanik dahinter ist keine Magie, sondern menschliche Psychologie: das Bedürfnis nach Zugehörigkeit, Status, Selbstwirksamkeit und Sinn.

Produkte, die Resonanz erzeugen, bleiben nicht im Privaten. Sie werden in Teams empfohlen, auf Plattformen geteilt, in Meetings erwähnt oder sogar in Bewerbungsunterlagen aufgeführt. Diese Multiplikation ist kein Zufall, sie ist gestaltbar.

Was Nutzer zu Multiplikatoren macht

Warum sprechen Menschen über Produkte? Die Antwort ist selten rein funktional. Es geht oft um das eigene Selbstbild. Wer ein Produkt empfiehlt, stellt sich als kompetent, informiert oder hilfsbereit dar. Gleichzeitig entsteht durch gemeinsame Nutzung sozialer Zusammenhalt. „Wir arbeiten alle mit diesem Tool" wird zu einer Norm, zu einem Symbol für Zugehörigkeit. Hinzu kommt das Bedürfnis, etwas Neues, Überraschendes oder besonders Effizientes zu teilen, aus Stolz oder aus echtem Nutzenversprechen.

Entscheidend ist: Nur Produkte, die emotional andocken, werden freiwillig weitergetragen. Das kann durch Design, Sprache, Haltung oder besondere Mikroerlebnisse geschehen. Ein cleveres Interface, eine charmante Animation, eine durchdachte Nutzerführung, all das kann „story-worthy" sein, also erzählenswert. Auch das Gefühl, Einfluss zu haben – etwa durch Feedback, das aufgegriffen wird –, stärkt die emotionale Verbindung und macht Nutzer zu Mitgestaltern.

128

Gestaltung von Verstärkermomenten

Produkte können gezielt Rahmen schaffen, die Multiplikation begünstigen. Ein klassischer Hebel ist das Sichtbarmachen von Social Proof: Wenn Nutzer sehen, dass Tausende andere das gleiche Produkt verwenden, entsteht ein Gefühl kollektiver Sicherheit. Noch stärker wirkt die Einladung zur Mitgestaltung, etwa durch Templates, Vorlagen, Shortcuts oder Inhalte, die geteilt und angepasst werden können.

Auch kommunikative Identität ist ein starker Trigger: Produkte mit klarer Haltung und einer Sprache, die emotional anschlussfähig ist, werden häufiger geteilt. Nutzer wollen Teil einer Bewegung, einer Denkweise, eines „Wir" sein. Wenn Feedback öffentlich anerkannt wird, etwa durch Creator Badges oder Highlight-Galerien, entsteht ein zusätzlicher Anreiz, sich einzubringen und das Produkt als „mein" Werkzeug zu begreifen.

Ein weiterer Multiplikator ist die „Story-Worthiness", also die Erzählbarkeit einer Erfahrung. Nutzer sprechen nicht über reibungslos funktionierende Prozesse, sondern über emotionale Spitzen: kleine Überraschungen, clevere Lösungen, liebevolle Details. Wer solche Momente bewusst gestaltet, schafft Gesprächsanlässe.

Praxisbeispiel: Produktliebe wird öffentlich

Ein Whiteboard-Tool zur digitalen Zusammenarbeit fiel nicht nur durch seine Funktionalität auf, sondern durch die Geschwindigkeit, mit der Nutzer Ergebnisse erzielen und visuell teilen konnten. Viele begannen, ihre Workflows auf LinkedIn zu posten, Vorlagen mit Kolleginnen auszutauschen oder eigene Use Cases in Blogs zu beschreiben. Das Unternehmen reagierte klug: Es schuf ein Creator-Programm, zeichnete aktive Nutzer aus und band sie gezielt in Produktentscheidungen ein. Ergebnis: Die organische Reichweite wuchs rasant, die Conversion-Rate durch Empfehlungen stieg und aus Nutzerinnen wurden Fürsprecherinnen.

Nutzer als Teil der Marke

Wenn Menschen ein Produkt nicht nur nutzen, sondern sich damit identifizieren, entsteht mehr als Adoption, es entsteht Zugehörigkeit. Psychologische Multiplikation ist der Punkt, an dem ein Produkt beginnt, sich selbst zu verbreiten. Dafür braucht es nicht nur exzellente Technik, sondern ein emotionales Profil, soziale Anschlussfähigkeit und die Möglichkeit zur Mitgestaltung. Wer das schafft, baut keine Zielgruppe, sondern eine Community.

32 Zwischen Flow und Überforderung: Wie man mentale Zustände gezielt steuert

Produktnutzung ist ein psychologischer Spannungszustand

Digitale Produkte bewegen sich permanent auf einem psychologischen Grat: Ist ein System zu komplex, steigt die kognitive Last. Ist es zu simpel, sinkt die Motivation. Zwischen diesen beiden Polen liegt der mentale Zustand, den viele nur aus dem Sport oder der kreativen Arbeit kennen, der aber auch im digitalen Raum entscheidend ist: Flow.

Flow beschreibt das erlebte Gleichgewicht zwischen Herausforderung und Kompetenz. Es ist der Zustand, in dem Menschen hochkonzentriert, motiviert und freudvoll bei einer Sache sind. Digitale Produkte, die Flow erzeugen, wirken nicht nur effizient, sondern *bedeutungsvoll*. Sie ziehen Nutzer in ihren Bann, erzeugen Momentum und fördern langfristige Bindung. Doch Flow ist kein Zufall. Er entsteht, wenn Systeme psychologisch klug gestaltet werden.

Die Architektur des Flow-Zustands

Der Psychologe Mihály Csíkszentmihályi hat mit seiner Flow-Theorie gezeigt: Flow entsteht dort, wo drei Bedingungen zusammentreffen. Erstens braucht es ein *klares Ziel*: Der Nutzer muss genau wissen, was als Nächstes zu tun ist. Zweitens braucht es *unmittelbares Feedback*: Handlungen müssen sichtbare Reaktionen erzeugen. Drittens muss die *Balance zwischen Herausforderung und Fähigkeit* stimmen: Weder Überforderung noch Unterforderung dürfen dominieren.

Übertragen auf digitale Produkte bedeutet das: Flow entsteht, wenn Interfaces Orientierung geben, wenn Fortschritt sichtbar wird, wenn Nutzer eigene Kompetenz erleben können und wenn diese Erfahrung weder langweilt noch stresst. Ein gutes Produkt begleitet durch mentale Zustände, statt sie dem Zufall zu überlassen.

Hürden und Dysbalancen im digitalen Alltag

In der Praxis gibt es viele Gründe, warum Flow nicht entsteht. Eine der häufigsten Ursachen ist Überkomplexität. Wenn ein Interface zu viele Optionen, Funktionen oder Schritte gleichzeitig anbietet, entsteht kognitive Überlastung. Nutzer wissen nicht, wo sie anfangen sollen und beginnen gar nicht erst.

Ebenso problematisch sind zähe oder intransparente Prozesse: Wenn die Nutzerführung unklar bleibt, Ziele diffus formuliert sind oder Feedback fehlt, schwindet das Vertrauen in die eigene Handlungskompetenz. Statt Motivation entsteht Frust.

Ein dritter Flow-Killer ist das Fehlen sichtbarer Fortschritte. Wenn Nutzer Aufgaben erledigen, aber keine Belohnung, kein Fortschrittsbalken, keine positive Rückmeldung erscheint, geht das Gefühl von Wirksamkeit verloren. Und schließlich wirkt auch zu geringe Herausforderung negativ: Wenn ein System keine kognitive Spannung erzeugt, verflacht das Nutzungserlebnis und wird schnell als langweilig empfunden.

Gestaltung für dynamische Nutzerzustände

Wer Flow erzeugen will, muss Nutzer dynamisch begleiten. Ein zentrales Prinzip dabei ist *progressive Komplexität*: Produkte sollten einfach starten, aber schrittweise Tiefe ermöglichen. Was anfangs übersichtlich ist, darf mit wachsender Kompetenz komplexer werden. So entsteht ein Gefühl von Wachstum statt Überforderung.

Genauso wichtig sind gezielte Feedbacksysteme. Jeder abgeschlossene Schritt, jede korrekt ausgeführte Handlung sollte eine Form der Bestätigung erhalten. Das muss nicht immer gamifiziert oder plakativ sein. Oft reicht ein kleiner visuell-textlicher Impuls: "Gut gemacht! Schritt 2 abgeschlossen."

Handlungsräume sollten klar strukturiert sein. Nutzer müssen sofort erkennen können, was jetzt relevant ist und was später kommen kann. Mikroziele helfen dabei, die Aufmerksamkeit zu lenken und das Gefühl von Kontrolle zu stärken. Je kleiner und klarer die Etappen, desto leichter entsteht Flow.

Auch kognitive Belohnungen sind wertvoll: Wenn Nutzer etwas verstehen, ein Problem lösen oder ein Ziel effizient erreichen, wird das als intrinsisch belohnend erlebt. Dieses Prinzip kann durch klare Aufgabenstellungen, gute Visualisierungen oder smarte Microcopy unterstützt werden.

Nicht zuletzt spielt die emotionale Tonalität eine Rolle. Flow ist kein kalter Zustand. Sprache, Farben, Bewegungen und Narrative beeinflussen, wie sich eine Interaktion anfühlt. Wenn ein Produkt empathisch wirkt, entsteht emotionale Sicherheit, eine Grundvoraussetzung für Flow.

Praxisbeispiel: Flow durch psychologisches Onboarding

Ein datengetriebenes Analyse-Tool hatte mit einem typischen Problem zu kämpfen: Viele Nutzer brachen bereits im Setup-Prozess ab. Die Software war leistungsstark, aber wirkte auf den ersten Blick zu komplex.

Nach einer psychologischen Analyse entschied sich das Produktteam für eine radikale Umstrukturierung des Einstiegs: Statt alles auf einmal zu zeigen, führte man ein geführtes Onboarding mit klaren Schritten ein. Jeder Schritt enthielt einen kurzen Erklärtext, eine einfache Aufgabe und unmittelbares Feedback. Eine Fortschrittsanzeige zeigte jederzeit, wie weit der Nutzer war. Zusätzliche Tiefenfunktionen wurden nicht sofort erklärt, sondern erst angeboten, wenn Nutzer danach suchten.

Das Ergebnis war eindeutig: Die Setup-Completion-Rate stieg um 72 Prozent. Die Wiederkehrrate nach einer Woche lag um 44 Prozent höher als zuvor. Und in Nutzerinterviews fiel mehrfach das Wort "übersichtlich", "angenehm" und sogar: "Flow".

Flow ist eine strategische Gestaltungskraft

Flow ist mehr als ein angenehmer Zustand. Es ist die psychologische Qualität, die darüber entscheidet, ob ein Nutzer in deinem Produkt verweilt, es versteht, es vertieft oder ob er aussteigt. Zwischen Überforderung und Langeweile liegt ein schmaler Grat. Doch wer diesen Raum versteht und gestaltet, schafft Produkte, die nicht nur funktionieren, sondern berühren.

Am Ende dieses Kapitels steht eine einfache Wahrheit: Menschen wollen sich nicht nur durch Systeme bewegen, sie wollen sich *in ihnen erleben*. Und genau das ist die Kraft des Flow-Zustands: Er macht das Digitale menschlich.

33 Das Produkt als Spiegel: Wie psychologische Muster von Teams in Software sichtbar werden

Produkte tragen psychologische Handschriften

Jedes digitale Produkt ist mehr als nur eine technische Lösung. Es ist ein Ausdruck von Denkprozessen, Prioritäten und unausgesprochenen Überzeugungen. In seiner konkreten Gestaltung spiegelt sich wider, was ein Team glaubt, wie Menschen ticken, was sie brauchen und was nicht. Ein Produkt ist damit nicht nur Mittel zum Zweck, sondern ein psychologisches Artefakt: eine Spurensammlung kollektiver Entscheidungen, Überzeugungen und auch Irrtümer.

Diese Einsicht ist nicht nur spannend, sondern strategisch wertvoll. Denn sie öffnet eine neue Perspektive auf Produktentwicklung: Statt nur nach Fehlern oder Potenzialen zu suchen, können Teams sich fragen, was zeigt uns das Produkt eigentlich über uns selbst? Was über unsere Nutzer? Und wo übersehen wir vielleicht systematisch etwas, weil es außerhalb unserer psychologischen Komfortzone liegt?

Ein Beispiel: Eine überfrachtete Nutzeroberfläche spricht nicht nur für fehlendes UX-Know-how. Sie verweist womöglich auf interne Unsicherheit, etwa den Wunsch, möglichst alles abzubilden, um niemanden zu verlieren. Oder auf ein tief verankertes Missverständnis von "Mehr ist mehr". Ebenso kann eine emotionslose Sprache im Interface Ausdruck eines Teams sein, das sich mit Emotionalität im Businesskontext schwertut. Das Produkt wird so zum Spiegel von Kultur, Haltung und psychologischer Reife.

Wie Teams sich im Produkt zeigen

Software ist nie nur Code. Sie ist der kondensierte Ausdruck dessen, wie ein Team denkt, entscheidet und arbeitet. Wer Produkte analysiert, kann erstaunlich viel über die Organisation dahinter erfahren. Ein wirres Navigationskonzept? Oft das Resultat unklarer Prioritäten. Intransparente Prozesse? Möglicherweise ein Spiegel interner Abstimmungsprobleme. Detailverliebtheit in Nebenaspekten?

Vielleicht ein Hinweis darauf, dass sich das Team schwer damit tut, klare Entscheidungen zu treffen.

Gleichzeitig zeigen gute Produkte häufig, dass dahinter Teams stehen, die psychologisch bewusst arbeiten. Teams, die Feedback ernst nehmen und daraus lernen. Die interne Spannungen nicht wegmoderieren, sondern als kreative Kraft nutzen. Die unterschiedliche Perspektiven integrieren, anstatt sich auf einen dominanten Denkstil zu verlassen.

Gerade in agilen Kontexten wird oft von "Reflexion" gesprochen, aber selten strukturell psychologisch gedacht. Dabei wäre es ein Gewinn, den eigenen Code, das Interface oder die Nutzerreaktionen als Material für Teamreflexion zu nutzen. Nicht aus Schuldgefühl, sondern aus Neugier: Was in unserem Produkt spiegelt unsere eigene Art zu denken? Wo wirkt es stimmig und wo vielleicht nicht mehr?

Ein Produkt, das zum Beispiel viele Optionen bietet, aber keine klare Empfehlung, kann auf ein Team verweisen, das Angst hat, Verantwortung zu übernehmen. Oder das Autonomie über alles stellt, ohne dabei zu fragen, ob Nutzer sich diese Freiheit überhaupt wünschen. Ebenso kann ein Produkt, das Nutzer ständig "führt", Ausdruck eines kontrollorientierten Denkstils sein, oft unbeabsichtigt, aber wirksam.

Psychologische Reife als Entwicklungspfad

Wer Produkte als Spiegel begreift, beginnt, die eigene Organisation mit anderen Augen zu sehen. Nicht als System, das nur effizienter werden muss, sondern als lernendes Wesen mit blinden Flecken, Prägungen und Wachstumsmöglichkeiten. Fehler werden dann nicht zu Makeln, sondern zu Spuren eines Prozesses. Frust von Nutzern nicht zu Angriffen, sondern zu Lernangeboten. Und Produktverhalten nicht zu Zufällen, sondern zu Ausdrucksformen kollektiver Muster.

Diese Perspektive erfordert Mut, aber sie lohnt sich. Denn sie öffnet den Weg zu einer anderen Form der Produktentwicklung: ehrlicher, empathischer, reflektierter. Ein Produkt, das aus dieser Haltung heraus entsteht, spricht mit anderer Stimme. Es fühlt sich klarer an. Menschlicher. Und letztlich: *relevanter*.

So kann aus einem Interface, das lange als funktional galt, ein Kommunikations-
raum werden. Aus einem Feature, das nie genutzt wurde, ein Symptom. Und aus
einem Bug, der immer wiederkehrt, ein Hinweis auf strukturelle Ambivalenz.
Wer beginnt, diese Zeichen zu lesen, entwickelt nicht nur bessere Produkte, sondern entwickelt sich selbst.

Produktentwicklung als Spiegelarbeit

Am Ende zeigt jedes digitale System mehr als nur seine Features. Es zeigt, wie
ein Team denkt. Wie es entscheidet. Wie es mit Unsicherheit, Vielfalt und Verantwortung umgeht. Wer bereit ist, sein Produkt auch als Spiegel der eigenen
Kultur zu lesen, kann tiefer verstehen und gezielter wachsen.

Das erfordert eine neue Haltung im Produktmanagement: eine, die psychologische Muster nicht nur erkennt, sondern aktiv gestaltet. Eine, die sich nicht auf
Conversion Rates und Roadmaps beschränkt, sondern den Menschen hinter dem
Produkt – im Team wie auf Nutzerseite – in den Mittelpunkt stellt. Denn genau
dort entsteht echte Wirkung: im Zusammenspiel aus technischer Präzision und
psychologischer Tiefe.

34 Kognitive Entlastung gestalten: Wie man mentale Energie spart, statt sie zu verschwenden

Einfachheit ist ein psychologischer Vorteil

Digitale Produkte sollen helfen. Doch allzu oft erschweren sie das Leben. Nicht, weil sie zu wenig können, sondern weil sie zu viel auf einmal wollen. In einer Zeit, in der unsere mentale Energie ständig gefordert wird, wird kognitive Entlastung zum strategischen Erfolgsfaktor. Produkte, die einfach wirken, müssen nicht simpel sein. Sie müssen psychologisch klug gestaltet sein. Denn Einfachheit ist kein Mangel an Funktion, sondern ein Zeichen von Fokus.

Kognitive Entlastung bedeutet, die Nutzung eines Produkts so zu gestalten, dass sie sich leicht anfühlt. Dass Entscheidungen intuitiv, Prozesse durchschaubar und Inhalte angemessen dosiert sind. Nicht das Produkt wird kleiner, sondern die mentale Last seiner Bedienung.

Warum weniger mehr ist

Menschen haben ein begrenztes Arbeitsgedächtnis. Schon wenige gleichzeitige Informationsreize können zu Überforderung führen. Besonders in neuen, komplexen oder unsicheren Situationen wird diese Kapazität schnell erschöpft. Die Folge: Stress, Frustration, Fehlbedienung oder Abbruch. In der Produktwelt heißt das: geringere Conversion, schlechtere Retention, negatives Feedback.

Doch diese kognitive Grenze ist nicht nur ein Hindernis, sie ist auch eine Chance. Denn Produkte, die genau dort Entlastung bieten, werden als angenehm empfunden. Sie erzeugen das Gefühl: "Hier bin ich richtig." Und sie schaffen Raum für die eigentliche Wirkung des Produkts: Klarheit, Fortschritt, Erfolgserlebnisse.

Einfachheit ist dabei kein Designideal, sondern ein strategisches Prinzip. Sie signalisiert Kompetenz, Souveränität und Nutzerfokus. Sie ist nicht die Abwesenheit von Komplexität, sondern deren bewusste Gestaltung.

Drei Hebel der Entlastung

Kognitive Entlastung entsteht dort, wo psychologische Prinzipien in die Struktur eines Produkts einfließen. Besonders wirksam sind drei Gestaltungsbereiche:

Informationsökonomie bedeutet, dem Nutzer nur das zu zeigen, was er im Moment wirklich braucht. Statt umfassender Information wird Kontextorientierung geboten. Was jetzt nicht relevant ist, wird ausgeblendet, nicht gestrichen, sondern gestaffelt. So entsteht das Gefühl: "Ich sehe, was ich brauche. Nicht mehr, nicht weniger."

Entscheidungserleichterung fokussiert sich auf die Architektur von Auswahlmomenten. Weniger Optionen, klare Empfehlungen, visuelle Gewichtung, Default-Werte, all das reduziert Entscheidungsstress. Die Nutzer behalten das Gefühl der Kontrolle, aber ohne die Last der Abwägung.

Visuelle Entlastung schließlich sorgt dafür, dass das Auge dem Denken hilft. Klare Hierarchien, großzügiger Weißraum, gut erkennbare Strukturen und wiedererkennbare Muster helfen, Informationen schneller zu verarbeiten. Das Resultat ist nicht nur ästhetisch, sondern funktional: weniger mentale Reibung.

Friktionspunkte erkennen

Viele digitale Produkte entstehen aus technischer oder geschäftlicher Logik heraus. Aus dieser Perspektive erscheinen bestimmte Entscheidungen plausibel: mehr Funktionen, mehr Felder, mehr Optionen. Doch aus Sicht des Nutzers führen diese Entscheidungen oft zu Reibung.

Typische Friktionspunkte sind etwa zu viele Informationen auf einer Seite, Fachbegriffe ohne Erklärung, unklare Button-Beschriftungen oder das Fehlen eines roten Fadens. Auch die erzwungene Entscheidung zwischen Alternativen, deren Unterschiede nicht nachvollziehbar sind, kann kognitive Belastung auslösen. Ebenso wie Widersprüche zwischen Erwartung und Verhalten: Wenn ein Button "Weiter" heißt, aber ein Formular abschickt, ist das kein UI-Fehler, sondern eine psychologische Irritation.

Wer diese Reibungen erkennt und systematisch abbaut, schafft nicht nur bessere Usability, sondern echte psychologische Entlastung.

Von Reduktion zu Resonanz

Kognitive Entlastung wird häufig mit Verzicht verwechselt. Dabei geht es nicht darum, Funktionen zu streichen oder Inhalte zu minimieren. Es geht darum, Bedeutung zu schaffen. Was nicht gebraucht wird, darf im Hintergrund bleiben. Was zählt, soll im Vordergrund stehen.

Produkte, die klar fokussiert sind, wirken bedeutungsvoller. Sie vermitteln den Eindruck: "Hier geht es um das, was mir wichtig ist." Das führt zu emotionaler Resonanz, zu Identifikation und letztlich zu höherer Nutzung.

Diese Wirkung entsteht, wenn Reduktion als Erleichterung empfunden wird. Das setzt psychologische Empathie voraus: Was braucht der Nutzer gerade wirklich? Wo steht er im Prozess? Was überfordert, was hilft? Die Antwort darauf ist kein Bauchgefühl, sondern das Ergebnis systemischer Nutzeranalyse.

Fallbeispiel: Struktur statt Information

Ein digitales Tool für Steuererklärungen hatte lange mit einer hohen Abbruchrate zu kämpfen. Die inhaltliche Qualität war unbestritten, doch Nutzer fühlten sich "erschlagen". Die Ursache: Alle Fragen wurden auf einer Seite gezeigt, logisch gegliedert, aber in der Summe überfordernd.

Die Umstellung fokussierte sich nicht auf die Inhalte, sondern auf ihre Darreichung:

- Fragen wurden thematisch gebündelt und schrittweise angezeigt.

- Nicht relevante Fragen wurden dynamisch ausgeblendet.

- Fortschritt wurde visuell kommuniziert ("Schritt 4 von 7").

- Schwierige Begriffe wurden mit Tooltips erklärt, Icons unterstützten die Orientierung.

Das Ergebnis: Die Drop-off-Rate sank um 21 Prozent. Die Completion-Rate stieg um fast 50 Prozent. Und das Nutzerfeedback wurde positiver: "Endlich mal verständlich!" Nicht der Inhalt hatte sich geändert, sondern die kognitive Architektur.

Strategie durch Einfachheit

Kognitive Entlastung ist kein Detailthema, sondern eine strategische Kompetenz. Sie entscheidet darüber, ob Nutzer sich kompetent oder überfordert fühlen. Ob sie weitermachen oder abbrechen. Ob sie ein Produkt als angenehm oder als anstrengend empfinden.

Einfachheit entsteht nicht durch Weglassen allein. Sie entsteht durch bewusste Gestaltung. Wer den mentalen Energiehaushalt seiner Nutzer ernst nimmt, gestaltet anders. Klüger. Konzentrierter. Wirksamer.

35 Die Macht der Gewohnheit: Wie man Produkte in Routinen verankert

Gewohnheit ist die unsichtbare Kraft hinter Retention

Produkte, die es schaffen, fester Bestandteil des Alltags zu werden, genießen einen enormen Vorteil. Ihre Nutzung geschieht oft automatisch, ohne aktiven Entscheidungsaufwand. Nicht weil sie technologisch herausragen, sondern weil sie im richtigen Moment das Richtige liefern, eingebettet in eine wiederkehrende Situation, verknüpft mit einem konkreten emotionalen oder funktionalen Nutzen.

Genau hier liegt die Kraft der Gewohnheit. Sie ist ein psychologischer Verstärker, der Produkte aus der Kategorie „Tools" in die Kategorie „Begleiter" hebt. Und sie ist gestaltbar. Wer versteht, wie Gewohnheiten entstehen, kann Produkte so bauen, dass sie nicht nur benutzt, sondern gebraucht werden.

Die Psychologie der Gewohnheit: Cue, Routine, Reward

Der Mechanismus, der Gewohnheiten formt, ist in der Verhaltenspsychologie gut erforscht. Er besteht aus drei Teilen: einem Auslöser (Cue), einer Handlung (Routine) und einer Belohnung (Reward).

Der Cue ist oft ein situativer Reiz, etwa eine Uhrzeit, ein Ort, eine Stimmung oder ein Ereignis. Dieser Reiz aktiviert das Gelernte: In dieser Situation folgt diese Handlung. Die Routine ist dann die Nutzung des Produkts selbst. Die Belohnung schließt den Zyklus ab. Sie kann konkret sein (eine Information, eine Funktion, eine Nachricht) oder emotional (ein Gefühl von Ordnung, Kontrolle, Bestätigung oder Zugehörigkeit).

Je häufiger dieser Zyklus durchlaufen wird, desto stärker verankert sich das Verhalten im Alltag. Aus einem bewussten Entschluss wird ein automatischer Reflex. Produkte, die das unterstützen, profitieren langfristig von hoher Retention und tiefem emotionalem Anker.

Gewohnheiten gestalten: Von Entscheidung zu Ritual

Damit ein Produkt zur Gewohnheit werden kann, braucht es mehr als gute Features. Es braucht psychologische Anschlussfähigkeit. Das bedeutet: Das Produkt muss sich so in bestehende Tagesstrukturen oder Nutzungskontexte einfügen, dass seine Anwendung als *natürlich* empfunden wird. Das beginnt beim Timing und reicht bis zur emotionalen Rückmeldung.

Ein Produkt, das zum Beispiel tägliche Check-ins erlaubt, sollte diese Funktion nicht einfach anbieten, sondern *initiieren*. Eine Erinnerung zur gewohnten Zeit, idealerweise mit einem freundlichen Tonfall und einer kleinen Belohnung, macht den Unterschied. Auch das Framing der Nutzung spielt eine Rolle: Wird das Produkt als Hilfe erlebt oder als Pflicht? Als Motivation oder als Kontrolle?

Gelingt es, die Nutzung emotional positiv aufzuladen, steigt die Wahrscheinlichkeit, dass sie sich automatisiert. Besonders wichtig: Der unmittelbare Nutzen muss spürbar sein. Niemand bildet eine Gewohnheit um einer Funktion willen, sondern um des Gefühls willen, das diese Funktion auslöst.

Drei Hebel für wirkungsvolle Habit-Strategien

Alltagsrelevanz herstellen: Produkte, die erfolgreich habitualisiert werden, erfüllen eine konkrete Funktion im Alltag. Das kann funktional sein (z. B. Organisation), emotional (z. B. Sicherheit), sozial (z. B. Zugehörigkeit) oder psychologisch (z. B. Kontrolle, Selbstwirksamkeit). Wichtig ist, dass das Produkt *erlebt* wird, nicht nur *genutzt*.

Bestehende Routinen nutzen: Neue Gewohnheiten zu schaffen ist schwer. Bestehende zu verstärken ist einfacher. Wer Produkte in bereits vorhandene Rhythmen integriert – z. B. morgens beim Kaffee, abends vor dem Schlafen, immer nach dem Meeting – hat eine höhere Chance, ins Verhaltensmuster der Nutzer zu gelangen.

Emotionale Rückmeldung einbauen: Jede Nutzung braucht ein *Gefühl*, das bleibt. Das kann Stolz, Erleichterung, Zugehörigkeit, Freude oder Klarheit sein.

Produkte, die eine solche Rückmeldung sichtbar oder erfahrbar machen, erzeugen Bindung. Kleine visuelle Signale, motivierende Texte oder auch eine simple Statistik können diesen Effekt deutlich stärken.

Fallbeispiel: Wie ein Tracking-Tool zur Routine wurde

Ein Anbieter für Self-Tracking hatte eine funktional starke App, doch die Retention nach den ersten drei Tagen war schwach. Nutzer probierten die App aus, kehrten aber nicht zurück. Das Team entschied sich für eine Habit-Intervention. Zunächst wurden Reminder zur festen Uhrzeit eingeführt, personalisierbar, aber standardmäßig auf eine Zeit am Abend gesetzt. Die Nachricht war freundlich, leicht emotional: „Wie lief dein Tag bisher? Zeit für ein kleines Check-in."

Die App reagierte nun mit motivierendem Feedback: kleine Zitate, Tagesstatistiken, ein wöchentlicher Fortschrittsbalken. Besonders wirkungsvoll: ein Wochenrückblick, der Nutzer mit einem positiven Narrativ konfrontierte („Du bist dran geblieben – starker Start!"). Das Ergebnis war überzeugend: mehr aktive Nutzung, längere Sessions, höhere Wiederkehrrate. Nicht weil die App sich inhaltlich verändert hatte, sondern weil ihr Verhalten an das psychologische System der Gewohnheit angepasst wurde.

Gewohnheit ist kein Automatismus, sondern ein Designziel

Viele Produkte scheitern nicht an Funktion oder UI, sondern daran, dass sie nicht ins Leben passen. Sie sind *für* den Nutzer gemacht, aber nicht *mit* seinem Alltag verbunden. Wer Gewohnheit gestalten will, muss sich in den Kontext des Nutzers hineinversetzen: Was passiert davor? Was danach? Was löst die Nutzung aus? Was bleibt danach zurück?

Und: Gewohnheit ist kein Selbstzweck. Sie sollte nicht auf Suchtmechanismen basieren, sondern auf echter Relevanz. Ein Produkt, das dem Nutzer wirklich hilft, sich besser, klarer oder souveräner zu fühlen, wird freiwillig und gern genutzt. Und genau das ist das Ziel.

Wiederholung braucht Bedeutung

Die Macht der Gewohnheit liegt nicht in der Wiederholung allein, sondern in der Bedeutung, die Nutzer dieser Wiederholung beimessen. Wenn ein Produkt sich vertraut anfühlt, wenn es spürbar hilft, wenn es Resonanz erzeugt, dann wird es zur Routine. Und aus der Routine wird Bindung.

36 Framing-Effekte im UX-Design: Wie Sprache Entscheidungen lenkt

Worte formen Wirklichkeit

Sprache ist kein bloßes Mittel zur Information, sie ist ein machtvolles Werkzeug, das Wirklichkeit rahmt. Im Kontext digitaler Produkte spielt sie eine entscheidende Rolle: Nicht nur *was* gesagt wird, beeinflusst das Verhalten der Nutzer, sondern vor allem *wie* es gesagt wird. Eine Formulierung wie „Was möchten Sie tun?" ruft eine andere Haltung hervor als „Wählen Sie jetzt Ihre nächste Aktion". Der Unterschied ist fein, doch seine psychologische Wirkung ist signifikant.

Framing bezeichnet genau diesen Effekt. Es geht um die gedanklichen Rahmen, die durch sprachliche Gestaltung gesetzt werden. Ein Button-Label, ein erklärender Text oder eine Fehlermeldung können Erwartungen formen, Optionen strukturieren oder Emotionen lenken. Framing ist damit ein zentrales Element psychologisch fundierter UX-Strategie und oft der Unterschied zwischen Konversion und Abbruch, zwischen Klarheit und Frustration.

Sprache als Interface zur Entscheidung

In digitalen Anwendungen ist Sprache mehr als Erklärung, sie ist ein Handlungsauslöser. Sie steuert, wie Nutzer Situationen interpretieren, welche Bedeutung sie Optionen beimessen und mit welcher Haltung sie Entscheidungen treffen. Formulierungen setzen implizite Frames, die entweder Sicherheit und Orientierung fördern oder Unsicherheit und Ambivalenz verstärken.

Ein klassisches Beispiel ist das Default Framing. Ein Button mit der Aufschrift „Jetzt konfigurieren" legt einen anderen Bedeutungsrahmen nahe als „Konfiguration starten". Die erste Variante aktiviert, vermittelt ein Gefühl von Handlungsmacht, während die zweite neutraler bleibt. Gerade in digitalen Interfaces, in denen Nutzer unter Zeitdruck agieren und häufig nur flüchtig lesen, entfalten solche Unterschiede ihre ganze Wirkung.

146

Typische Framing-Muster im UX-Design

In der täglichen Praxis begegnen uns zahlreiche Framing-Situationen, oft, ohne dass wir sie bewusst wahrnehmen. Die folgenden Muster sind besonders verbreitet und psychologisch wirksam:

Verlust- vs. Gewinn-Frame: Menschen reagieren stärker auf drohenden Verlust als auf potenziellen Gewinn. Deshalb wirkt „Verpassen Sie nichts – jetzt anmelden!" oft besser als „Profitieren Sie von unserem Newsletter". Das emotionale Gewicht liegt auf der Vermeidung eines negativen Zustands, was kognitive Aktivierung erhöht.

Aktiv vs. Passiv: Formulierungen wie „Ich möchte loslegen" oder „Jetzt gestalten" binden Nutzer emotional stärker ein als neutrale Varianten wie „Start" oder „Weiter". Sie erzeugen ein Gefühl von Eigeninitiative und damit mehr Engagement.

Normatives Framing: Wenn bestimmte Optionen als Standard oder Mehrheitsverhalten dargestellt werden („83 % unserer Kunden wählen diese Einstellung"), entsteht sozialer Druck zur Konformität. Dieses Prinzip funktioniert besonders gut bei unentschlossenen Nutzern, die sich an der Gruppe orientieren.

Perspektivwechsel: Die Frage „Möchten Sie die Einstellungen ändern?" richtet den Fokus auf das System, „Wie möchten Sie Ihr Erlebnis gestalten?" hingegen auf den Nutzer. Solche subtilen Perspektivwechsel beeinflussen, wie Menschen ihre Rolle im Produktkontext wahrnehmen, passiv oder gestaltend.

Sprachgestaltung als strategisches Instrument

Sprache lässt sich nicht neutral einsetzen. Jede Formulierung erzeugt Wirkung. Umso wichtiger ist es, sie bewusst und strategisch zu gestalten. Dabei helfen drei zentrale Leitfragen:

Erstens: *Was soll der Nutzer fühlen?* Geht es um Motivation, Vertrauen, Orientierung oder Sicherheit? Die emotionale Zielsetzung bestimmt Tonalität und Wortwahl.

Zweitens: *Welche impliziten Erwartungen werden gesetzt?* Wird dem Nutzer Handlungsmacht vermittelt oder Passivität? Drückt die Sprache Kontrolle, Leichtigkeit oder Dringlichkeit aus?

Drittens: *Wie passt die Sprache in den Nutzungskontext?* Was im Onboarding willkommen wirkt, kann im Beschwerdeprozess unangemessen erscheinen. Sprachliches Framing muss zur Situation, zur Nutzeremotion und zur Systemlogik passen.

Beispiel aus der Praxis: Framing im E-Commerce-Onboarding

Ein Online-Marktplatz wollte die Quote vollständig eingerichteter Profile erhöhen. Ursprünglich lautete der Call-To-Action (CTA): „Profil vollständig einrichten". Die Beschreibung ergänzte: „Damit Sie alle Funktionen nutzen können." Das Ergebnis: hohe Abbruchraten. Nutzer berichteten in qualitativen Interviews, dass sie sich unter Druck gesetzt fühlten. Das Wording klang nach Pflichtaufgabe.

Nach einer Überarbeitung wurde der Button in „Jetzt dein Einkaufserlebnis personalisieren" geändert. Die Beschreibung wurde emotional aufgeladen: „Schnell erledigt und dein Konto fühlt sich wie deins an."

Das Ergebnis war eindeutig:

- Die Completion Rate im Onboarding stieg um 27 %

- Positives Feedback zur Ansprache nahm um 44 % zu

- Die Wiederkehrquote nach sieben Tagen erhöhte sich um 19 %

Die Sprache hatte nicht den Prozess verändert, aber dessen Wirkung auf die Nutzer grundlegend verbessert.

Framing ist unsichtbares Design

Die Wirkung von Sprache ist oft unsichtbar, aber nicht unbedeutend. Sie rahmt Entscheidungen, formt Erwartungen und prägt emotionale Reaktionen. Im UX-Design ist Framing deshalb kein Randthema, sondern ein strategischer Hebel. Wer Sprache bewusst gestaltet, lenkt nicht nur Entscheidungen, sondern gestaltet Beziehungen. Framing heißt: psychologisch denken, systemisch formulieren und empathisch handeln.

37 Kognitive Dissonanz im Onboarding: Warum manche Nutzer innerlich kündigen, bevor sie starten

Wenn der Einstieg zur inneren Hürde wird

Der erste Eindruck zählt. Und nirgendwo ist das so kritisch wie im Onboarding-Prozess digitaler Produkte. Was technisch als schlichter Ablauf zur Kontoerstellung, Personalisierung oder Feature-Einweisung beginnt, ist psychologisch oft eine hochempfindliche Phase. Hier entscheidet sich, ob ein Nutzer sich willkommen fühlt, verstanden und sicher oder ob erste Zweifel entstehen, die sich tief in die Beziehung zum Produkt eingraben.

Viele Abbrüche im Onboarding sind nicht rational motiviert, sondern Folge *kognitiver Dissonanz*: ein unangenehmer Zustand innerer Spannung, der entsteht, wenn Erwartung und Erfahrung nicht zusammenpassen. Nutzer kündigen in diesem Moment oft innerlich. Nicht laut, nicht sichtbar, aber spürbar. Und viele kehren nie zurück.

Der stille Widerstand: Wie Dissonanz Nutzerbeziehungen untergräbt

Kognitive Dissonanz beschreibt das Unbehagen, das entsteht, wenn mehrere widersprüchliche Wahrnehmungen oder Überzeugungen gleichzeitig vorhanden sind. Im Kontext des Onboardings kann das bedeuten, dass die zuvor geweckten Erwartungen – etwa durch Marketing, Empfehlungen oder Produktversprechen – nicht mit der realen Nutzererfahrung übereinstimmen.

Ein Beispiel: Die Werbung verspricht „in fünf Minuten startklar", das Produkt hingegen verlangt zunächst zahlreiche Einstellungen, Verifizierungen oder Auswahlprozesse. Oder der Nutzer schätzt sich selbst als technikaffin ein, erlebt aber Schwierigkeiten bei der Navigation. In beiden Fällen entsteht ein Spannungsfeld zwischen Selbstbild und Realität.

Diese Spannung muss aufgelöst werden und leider ist eine der einfachsten Formen der Auflösung der Rückzug: Das Produkt wird geschlossen, der Nutzer schweigt und ist faktisch verloren.

Selbstbild, Entscheidungskonflikte und innere Kündigung

Besonders kritisch wird es, wenn die kognitive Dissonanz nicht nur auf funktionale, sondern auf identitätsbezogene Aspekte trifft. Ein Nutzer, der glaubt, souverän und effizient mit digitalen Tools umzugehen, gerät ins Straucheln und stellt plötzlich sich selbst infrage. Diese feine Verschiebung von Produktzweifel hin zu Selbstzweifel ist tückisch. Denn sie führt nicht zu lautem Feedback, sondern zu leiser Resignation.

Oft entsteht nach der initialen Produktwahl ein sogenanntes Post-Decision-Dissonance: ein Zweifel an der Richtigkeit der getroffenen Entscheidung. Wird dieser Zweifel nicht unmittelbar durch positive Erfahrungen entkräftet – etwa durch Klarheit, Erfolgserlebnisse oder sinnstiftende Kommunikation – bleibt er bestehen. Der Nutzer bleibt registriert, aber innerlich distanziert. Und kehrt nicht zurück.

Psychologisches Onboarding: Ein Weg zur echten Verbindung

Ein psychologisch fundiertes Onboarding zielt nicht nur auf die Vermittlung von Informationen, sondern auf die emotionale Stabilisierung der Nutzer. Es nimmt innere Spannungen ernst und begegnet ihnen mit Feingefühl, Struktur und Sinn.

Ein erster Schritt ist klares Erwartungsmanagement. Die ersten Screens, Formulierungen und Abläufe müssen die zuvor geweckten Versprechen einlösen oder bewusst reframen. Wer Einfachheit verspricht, muss sie sofort erfahrbar machen. Schon ein überfrachteter erster Screen kann Vertrauen zerstören.

Gleichzeitig sollten Nutzer in ihrem Selbstbild bestärkt werden. Kleine sprachliche Signale wie „Gut gemacht", „Nur noch ein Schritt" oder „Das schaffen Sie" wirken stärker als viele glauben. Sie erzeugen nicht nur Orientierung, sondern auch emotionale Resonanz.

Besonders wichtig sind schnelle, erfahrbare Erfolgsmomente. Ein visuell gestalteter Fortschrittsbalken, eine erste fertige Einstellung oder ein personalisiertes Dashboard können das Gefühl erzeugen: *Ich bin auf dem richtigen Weg.* Dieser Moment der Bestätigung ist oft entscheidend, er neutralisiert Zweifel und stabilisiert Motivation.

Nicht zuletzt geht es darum, Wahlmöglichkeiten zu geben. Nutzer sollten sich nicht gedrängt, sondern begleitet fühlen. Optionen wie „Später einrichten", „Überspringen" oder „Ich möchte das selbst entdecken" reduzieren kognitive Spannung und erhöhen Autonomie.

Beispiel aus der Praxis: Vom Overload zur Orientierung

Ein Anbieter für Team-Kollaboration hatte hohe Abbruchraten nach dem ersten Login. Die Nutzer wurden mit Features, Tooltips und Konfigurationsschritten überladen. Alles gut gemeint, alles gut gemacht, aber psychologisch kontraproduktiv.

Nach einer Neuausrichtung wurden drei Dinge verändert:

- Der Einstieg wurde auf ein einziges Ziel fokussiert: „Erstelle dein erstes Board."

- Jede Aktion wurde emotional begleitet: „Du bist bereit – starte jetzt!"

- Das Framing wurde angepasst: „Du bringst dein Team in Bewegung."

Die Folge: Aktivierungsrate +41 %, Wiederkehrrate nach 7 Tagen +29 %. Nicht durch neue Funktionen, sondern durch psychologische Klarheit.

Onboarding ist Beziehungsarbeit

Ein wirksames Onboarding ist nicht primär eine technische Aufgabe, es ist ein psychologischer Dialog. Es begegnet den Zweifeln, Unsicherheiten und inneren Spannungen der Nutzer mit Empathie, Klarheit und Sinn. Wer diese Phase unterschätzt, verliert Menschen, bevor sie überhaupt angefangen haben.

Doch wer es schafft, kognitive Dissonanz zu erkennen, zu reduzieren und in ein Gefühl von Kontrolle, Zugehörigkeit und Erfolg zu überführen, der gewinnt mehr als einen Nutzer. Er gewinnt eine Beziehung, die trägt.

38 Nudging in digitalen Produkten: Entschei-dungshilfen mit Verantwortung

Kleine Impulse, große Wirkung

Im digitalen Alltag treffen Menschen unzählige Entscheidungen, meist schnell, unter Zeitdruck und mit begrenzter Aufmerksamkeit. Genau in diesen Momenten entfaltet eine oft unterschätzte Kraft ihre Wirkung: das *Nudging*. Gemeint ist damit die gezielte Gestaltung von Entscheidungssituationen, die Nutzer in eine bestimmte Richtung lenkt, ohne Zwang, aber mit psychologischer Raffinesse.

Nudging entstammt der Verhaltensökonomie und wurde insbesondere durch Richard Thaler und Cass Sunstein populär. Im Zentrum steht die Idee, durch subtile Anstöße – sogenannte „Nudges" – Verhalten zu beeinflussen, ohne Alternativen auszuschließen. Im Kontext digitaler Produkte wird diese Technik besonders wirksam: durch Buttons, Defaults, Hinweise oder Tonalitäten, die Entscheidungen leiten, ohne sie zu erzwingen.

Psychologische Mechanismen hinter dem Nudge

Die Grundlage jedes Nudges ist die menschliche Entscheidungspsychologie. Menschen handeln selten rational, sie folgen Heuristiken, reagieren auf Verluste empfindlicher als auf Gewinne, lassen sich durch soziale Hinweise leiten und vermeiden kognitive Anstrengung. Gute digitale Produkte nehmen diese Realität ernst.

Ein Nudge kann etwa darin bestehen, eine datenschutzfreundliche Voreinstellung zu treffen. Oder die meistgenutzte Option visuell hervorzuheben. Oder das Beibehalten eines Abonnements positiver zu framen als dessen Kündigung. Die Wirkung liegt nicht im Zwang, sondern in der Entscheidungsgestaltung.

Dabei stützt sich Nudging auf mehrere psychologische Effekte: den *Default-Effekt* (voreingestellte Optionen werden selten verändert), *Framing-Effekte* (Formulierungen verändern Wahrnehmung), *Verlustaversion* (Vermeidung wiegt schwerer als Gewinn) und *Social Proof* (Menschen orientieren sich an der Mehrheit).

Von Dark Patterns zu ethischem Design

Dass dieselben psychologischen Prinzipien auch für manipulative Zwecke einge-setzt werden können, zeigt die Debatte um sogenannte Dark Patterns. Diese nut-zen Nudging-Techniken, um Nutzer zu Handlungen zu bewegen, die nicht in ih-rem Interesse liegen, etwa versteckte Kündigungshürden oder irreführende Preisoptionen.

Gerade deshalb braucht ethisches Nudging klare Leitlinien. Drei Prinzipien sind dabei zentral:

- *Transparenz:* Der Nudge darf keine versteckte Agenda verfolgen. Nutzer sollen verstehen können, was passiert.

- *Wahlfreiheit:* Die Alternative muss sichtbar, erreichbar und ohne Friktion verfügbar sein.

- *Nutzerwohl:* Der Nudge soll dem Nutzer nutzen, nicht nur dem Un-ternehmen.

Richtig eingesetzt, ist Nudging kein Trick, sondern ein Dienst: Es hilft Menschen, sich leichter, sicherer und bewusster zu entscheiden.

Nudging im UX-Alltag: Anwendung mit Verantwortung

Die Möglichkeiten, Nudging in digitalen Produkten einzusetzen, sind vielfältig. Besonders hilfreich sind gezielte Impulse in Situationen, in denen Nutzer typi-scherweise zögern, überfordert sind oder Unterstützung brauchen.

Onboarding ist ein klassisches Feld: Fortschrittsanzeigen („Nur noch 1 Schritt – gleich geschafft!") oder vereinfachte Defaults („Empfohlene Einstellung aktivie-ren") senken die mentale Einstiegshürde. Auch bei sicherheitsrelevanten Ent-scheidungen, etwa im Bereich Datenschutz, lassen sich Nudges einsetzen, voraus-gesetzt, sie wahren die oben genannten Prinzipien.

Ein weiteres Beispiel sind Kündigungsprozesse. Statt die Kündigung zu erschweren, kann ein gut designter Nudge den Nutzer zum Nachdenken anregen: „Möchtest du eine Pause statt einer Kündigung?" – verbunden mit einer fairen Option. Solche Micro-Interventionen zeigen Wirkung: Sie respektieren die Entscheidung, aber geben ihr Kontext und Alternativen.

Auch bei Reaktivierungen helfen Micro-Nudges. Nach mehreren Tagen Inaktivität könnte ein freundlich formulierter Hinweis erscheinen: „Schon 5 Tage Pause, wie möchtest du weitermachen?" Der Effekt solcher kleinen Nachrichten liegt in ihrer emotionalen Anschlussfähigkeit, nicht in ihrer Größe.

Beispiel aus der Praxis: Sanfte Rückgewinnung

Ein SaaS-Anbieter stellte fest, dass viele Nutzer ihre Abos kündigten, obwohl sie zuvor sehr aktiv waren. Eine tiefere Analyse zeigte: Die Kündigungsstrecke war funktional, aber kalt, keine Rückfrage, keine Perspektive. Das Team entwickelte daraufhin einen neuen Kündigungsprozess:

- Die erste Frage lautete: „Was fehlt dir aktuell?"

- Je nach Antwort wurden passende Optionen angezeigt: z. B. „2 Monate pausieren" oder „Feedback geben".

- Zum Schluss kam die Botschaft: „Wenn du dich später umentscheidest – wir speichern deinen Fortschritt."

Die Resultate waren deutlich: 18 % der Kündigungen wurden zurückgenommen, die Zufriedenheit mit dem Prozess stieg messbar und das Unternehmen wurde in Kundenumfragen als „transparent und fair" beschrieben.

Impulse mit Integrität

Nudging ist kein manipulativer Trick, es ist ein Werkzeug der psychologischen Gestaltung. Richtig eingesetzt, hilft es Nutzern, gute Entscheidungen zu treffen, Orientierung zu finden und mit digitalen Produkten in gesunder Beziehung zu bleiben. Die Verantwortung liegt dabei beim Designteam: Es entscheidet, ob aus psychologischem Wissen Hilfe oder Einflussnahme wird.

Gutes Nudging fragt nicht nur: „Wie können wir Verhalten steuern?" Sondern: „Wie können wir helfen, dass Menschen sich für das entscheiden, was sie selbst als sinnvoll erleben?"

39 Von Nutzerbedürfnissen zu Produktentscheidungen: Das psychologische Briefing

Von der Idee zur Wirkung

Viele Produktentscheidungen entstehen aus gut gemeinten Impulsen. Eine Idee wird formuliert, in Meetings besprochen, auf Machbarkeit geprüft und landet schließlich auf der Roadmap. Doch was in diesem Prozess oft verloren geht, ist das tiefere Verständnis dafür, warum ein Nutzer dieses Feature überhaupt brauchen oder nutzen sollte. Statt einem klaren inneren Bedürfnis folgt man zu häufig einem rational-technischen Argument und verpasst dabei den emotionalen Kern.

Ein psychologisches Briefing versucht genau das zu verhindern. Es geht nicht nur darum, welche Funktion ein Produkt bieten soll, sondern welche psychologische Spannung es auflösen muss. Was bewegt den Nutzer innerlich? Wo liegt sein Frust, seine Hoffnung, seine Unsicherheit? Wer auf dieser Ebene ansetzt, baut kein Produkt mehr für einen Use Case, sondern für eine erlebte Realität.

Vom Wunsch zur Wahrheit: Was Nutzer wirklich brauchen

Hinter jedem scheinbar einfachen Wunsch steht ein komplexes inneres Motiv. Der Satz „Ich möchte schneller Ergebnisse sehen" bedeutet oft nicht nur Effizienzdenken, sondern auch ein Bedürfnis nach Kontrolle, nach Bestätigung oder nach Selbstwirksamkeit. Doch in vielen Unternehmen endet die Analyse dort, wo das Briefing beginnt. Man notiert das geäußerte Bedürfnis, aber fragt nicht weiter. Warum ist das wichtig? Was steht dahinter?

Oberflächliche Nutzerwünsche führen zu oberflächlichen Features. Es entstehen Produkte, die man benutzen *kann*, aber nicht *will*. Was fehlt, ist psychologische Tiefe. Ein echtes Briefing beginnt deshalb nicht mit dem Feature, sondern mit dem inneren Konflikt. Die Frage lautet nicht: Was kann das Produkt tun? Sondern: Welche Spannung will es lösen?

Struktur eines psychologischen Briefings

Ein gutes psychologisches Briefing braucht keine Seiten voller Daten, sondern klare, fokussierte Fragen. Es konzentriert sich auf fünf Dimensionen, die jede Produktentscheidung grundlegend verändern können:

1. Die innere Spannung: Was genau sorgt beim Nutzer für Unbehagen oder Wunschenergie? Geht es um Überforderung? Orientierungslosigkeit? Druck? Oder Sehnsucht nach mehr Kontrolle, Klarheit, Einfluss?

2. Psychologische Trigger: Welche Situationen bringen das Verhalten ins Rollen? Ist es ein Problem, das regelmäßig auftritt? Ein Gefühl, das plötzlich auftaucht? Oder ein Kontext, der immer wieder ähnlich verläuft?

3. Dominantes Motiv: Was treibt den Nutzer im Kern? Sicherheit, Autonomie, Status, Zugehörigkeit, Effizienz oder Inspiration? Diese Motivlage bestimmt, wie ein Feature erlebt wird.

4. Innere Barrieren: Was hält den Nutzer zurück, auch wenn er rational überzeugt ist? Zweifel, Frust, Unklarheit oder schlicht emotionale Distanz?

5. Bedeutung des Erfolgs: Wann fühlt sich das Ergebnis gut an, nicht technisch, sondern emotional? Wann sagt der Nutzer innerlich: „Das hat sich gelohnt"?

Diese Fragen helfen, das eigentliche Warum hinter jeder Entscheidung freizulegen. Sie ermöglichen Teams, jenseits von Backlogs zu denken, hin zu echter Relevanz.

Vom Briefing zur Strategie: Entscheidungen, die wirken

Ein psychologisches Briefing ist kein Reporting-Tool. Es ist ein strategischer Kompass. Es ermöglicht Produktteams, zwischen mehreren Optionen zu unterscheiden, indem sie fragen: Welche Variante löst die stärkste Spannung? Welche erzeugt den größten inneren „Aha"-Moment?

Statt mehrere Features gleichzeitig umzusetzen, wählt man gezielt jenes, das psychologisch das meiste bewirkt. Man baut nicht für technische Komplexität, sondern für emotionale Einfachheit.

Ein gutes Beispiel: Ein Team plante eine Expertenansicht für fortgeschrittene Nutzer. Das Feature klang sinnvoll, wurde aber verworfen, nachdem das psychologische Briefing zeigte: Viele Nutzer fühlten sich unsicher, nicht überfordert. Die eigentliche Spannung war also nicht der Mangel an Funktionalität, sondern der Wunsch nach Orientierung. Statt der Expertenansicht entstand ein Guided Mode, der Sicherheit vermittelte und genau den Nerv traf.

Vom Feature-Katalog zur Gefühlslandschaft

Ein psychologisch geführtes Produktteam stellt sich nicht mehr die Frage: Was fehlt noch? Sondern: Was fühlt sich richtig an? Die Roadmap wird nicht länger als Liste technischer Anforderungen betrachtet, sondern als emotionale Reise. Jedes Feature bekommt eine Rolle im psychologischen Spannungsbogen und muss sich in diese Erzählung einfügen.

Weniger Features, klarere Wirkung. Die besten Produkte sind nicht die mit der größten Funktionsvielfalt, sondern die mit der stärksten Resonanz. Ein Produkt, das drei Spannungen gut löst, ist wertvoller als eines, das zehn Probleme technisch adressiert, aber keines emotional berührt.

Beispiel aus der Praxis: Planung mit Gefühl

Ein Anbieter für Projektmanagement-Software wollte ein neues Modul zur Ressourcenplanung einführen. Die technische Anforderung war klar: „Nutzer wollen freie Kapazitäten sehen." Das klang nach Tabellen, Filteroptionen und Reporting.

Doch das psychologische Briefing zeigte etwas anderes: Projektverantwortliche litten nicht an Informationsmangel, sondern an Kontrollverlust. Der Wunsch war nicht nach Daten, sondern nach Stabilität. Nach dem Gefühl, dass ihre Planung trägt.

Die Lösung: Statt ein klassisches Planungsmodul zu entwickeln, entstand ein visuelles System, das Engpässe früh signalisiert, Vorschläge macht und Stabilität als Metrik sichtbar macht. Das Ergebnis: Höhere Nutzung, besseres Feedback, gesteigerte Zufriedenheit, weil die emotionale Spannung gelöst wurde.

Produkte für Menschen – nicht nur für Nutzer

Ein psychologisches Briefing ist kein Luxus, sondern ein strategisches Muss. Es holt Produktentwicklung aus dem Funktionalismus und bringt sie zurück zu dem, worum es wirklich geht: Menschen zu helfen, sich in komplexen digitalen Umgebungen sicher, verstanden und wirksam zu fühlen.

Wer so denkt, baut anders. Mutiger. Relevanter. Und letztlich: erfolgreicher. Denn Produkte, die in der Tiefe wirken, brauchen keine Erklärung, sie erklären sich selbst.

40 Produktvision als psychologische Erzählung: Warum Strategie Geschichten braucht

Vision ist mehr als ein Zielbild

Wenn Produktteams von Vision sprechen, dann meist in Form eines Statements – zwei Sätze, ein Zielbild, ergänzt durch KPIs. Das ist strategisch gedacht, aber psychologisch zu kurz. Denn echte Visionen sind keine Schlagworte. Sie sind Erzählungen. Gute Visionen erzählen eine Geschichte, in der sich Menschen wiederfinden können: Nutzer, Teammitglieder, Investoren. Sie geben Antworten auf Fragen wie: Warum gibt es dieses Produkt? Welche Veränderung in der Welt wollen wir bewirken? Und wie fühlt sich das an?

Die Psychologie lehrt uns, dass Menschen in Geschichten denken. Sie erinnern sich besser an Narrative als an Argumente. Sie folgen weniger der Logik als der Stimmigkeit eines inneren Bildes. Wer also eine Produktvision formuliert, sollte nicht nur nach strategischer Klarheit streben, sondern nach emotionaler Resonanz. Denn nur so entsteht echte Orientierung, im Team, im Markt, im Produkt.

Warum gute Visionen Geschichten sind

Eine Vision entfaltet dann Wirkung, wenn sie nicht nur ein Ziel benennt, sondern einen Sinn stiftet. Sie muss emotional anschlussfähig sein, das heißt: Sie muss Gefühle wecken, Motivation erzeugen und ein mentales Bild einer möglichen Zukunft entwerfen. Der Nutzer sollte nicht nur verstehen, was das Produkt erreichen will, er sollte es *fühlen* können.

Dazu braucht es drei psychologische Qualitäten:

Erstens, eine glaubhafte Heldenrolle für den Nutzer. Das Produkt ist nicht der Star, sondern der Begleiter. Der Nutzer bleibt im Zentrum der Geschichte, das Produkt ist der Mentor, der ihn in seiner Entwicklung unterstützt.

Zweitens, eine emotionale Tonalität. Eine Vision darf nicht sachlich-neutral bleiben. Sie darf Mut, Vertrauen oder auch Rebellion ausstrahlen, solange sie authentisch ist. Emotionale Sprache weckt Identifikation. Sie erlaubt Menschen, sich in der Vision selbst zu entdecken.

Drittens, eine erkennbare Spannung. Jede gute Geschichte lebt von einem Problem, das gelöst wird. Visionen dürfen also ruhig ein Dilemma oder einen Mangel benennen. Gerade dadurch entsteht Energie. Wer nur vom Ideal spricht, ohne das reale Problem zu benennen, bleibt unglaubwürdig.

Vision nach innen: Haltung und Priorität

Eine starke Vision wirkt nicht nur nach außen, sie formt die innere Kultur. Wenn ein Team weiß, warum es tut, was es tut, entstehen Fokus und Haltung. Entscheidungen werden klarer, Diskussionen produktiver. Die Produktvision ist dann kein Poster an der Wand, sondern ein Filter: Passt diese Idee zur Geschichte, die wir erzählen wollen? Oder lenkt sie ab?

Besonders wirksam ist eine Vision, wenn sie *erzählt* wird. Nicht als Bullet-Liste oder Branding-Slogan, sondern als Mini-Erzählung. Beispielsweise als Geschichte eines Nutzers, der durch das Produkt eine relevante Veränderung erlebt. Oder als Zukunftsszenario, das eine Welt beschreibt, in der das Problem gelöst ist.

Wenn solche Narrative regelmäßig im Team geteilt und weiterentwickelt werden, entsteht Identifikation. Menschen möchten an einer Geschichte mitarbeiten, nicht an einer Roadmap.

Beispiel aus der Praxis: Vom Claim zur Story

Ein SaaS-Start-up im Bereich Projektorganisation hatte als Vision: „Wir vereinfachen Zusammenarbeit." Strategisch sinnvoll, aber psychologisch blass. In einem Workshop entwickelte das Team ein neues Narrativ:

„Wir glauben, dass Arbeit nicht stressig sein muss. Dass Klarheit möglich ist. Dass Menschen gute Entscheidungen treffen, wenn sie den Überblick behalten. Deshalb bauen wir kein Tool, wir bauen Ruhe in die Arbeitswelt."

Dieses neue Narrativ hatte Wirkung: Produktentscheidungen orientierten sich daran, Texte wurden stimmiger, das Marketing gewann Profil. Vor allem aber wuchs im Team das Gefühl: Wir bauen etwas, das eine echte Bedeutung hat.

Vision als strategisches Steuerungsinstrument

Eine klar erzählte Vision ist mehr als ein identitätsstiftender Leitsatz. Sie hilft, strategisch zu priorisieren. Wenn ein neues Feature diskutiert wird, kann die Frage lauten: Dient es der Vision? Erzählt es die Geschichte weiter? Oder wirkt es wie ein Fremdkörper?

Eine Produktvision, die psychologisch verankert ist, verhindert strategische Beliebigkeit. Sie schützt vor dem Reflex, auf jeden Markttrend zu reagieren. Stattdessen wird das Produkt zur Bühne einer Geschichte, die über Jahre hinweg konsistent bleibt, auch wenn sich Details ändern.

Vision ist Bedeutung in Bewegung

Eine Produktvision, die als psychologische Erzählung verstanden wird, ist kein Nice-to-have, sie ist ein strategisches Muss. Sie verbindet Ziele mit Sinn, Strategie mit Gefühl, Produktentwicklung mit Identität. Gute Visionen lassen sich nicht nur erklären, sie lassen sich erzählen. Und das ist der entscheidende Unterschied: Wer in Geschichten denkt, baut nicht nur Funktionen, sondern Bedeutung.

41 Psychologische Segmentierung: Nicht de- mografisch, sondern motivationsbasiert

Zielgruppen sind keine Zielscheiben

Viele Produktstrategien stützen sich bei der Segmentierung auf demografische Kriterien: Alter, Geschlecht, Wohnort, Beruf. Diese Merkmale mögen für klassische Zielgruppenmodelle genügen, doch sie greifen zu kurz, wenn es darum geht, digitale Produkte psychologisch anschlussfähig zu machen. Denn Verhalten wird nicht von Äußerlichkeiten gesteuert, sondern von inneren Motiven. Eine Teamleiterin in einem Großkonzern kann einem Gründer eines Start-ups psychologisch ähnlicher sein als ihrer Kollegin nebenan, wenn beide auf der Suche nach Kontrolle, Klarheit oder Effizienz sind.

Motivationen, Ziele, Risikowahrnehmungen und Denkstile, das sind die echten Dimensionen, die über Produktnutzung entscheiden. Wer Produktentscheidungen auf psychologischer Segmentierung aufbaut, trifft präziser, empathischer und strategisch wirksamer.

Psychologische Muster statt äußerer Merkmale

Im Zentrum motivationsbasierter Segmentierung steht ein Perspektivwechsel: Es geht nicht mehr darum, wer der Nutzer *ist*, sondern *warum* er handelt. Welche Sehnsüchte treiben ihn? Welche Sorgen blockieren ihn? Und wie nimmt er Komplexität wahr?

Diese Segmentierung beginnt mit zentralen psychologischen Fragen: Was will ein Mensch erreichen: Sicherheit, Status, Klarheit, Autonomie? Wie geht er mit Risiko um, sucht er Stabilität oder das Neue? Welcher Denkstil dominiert: analytisch, intuitiv, strukturell? Und wie reagiert er emotional, meidet er Frust oder nutzt er ihn als Impuls? Diese Muster sind oft stabiler und relevanter als jede soziodemografische Kategorie.

Ein digitaler Workspace kann zum Beispiel von drei verschiedenen Nutzertypen genutzt werden, alle mit demselben Jobtitel, aber völlig unterschiedlichen mentalen Modellen: Der eine sucht nach Effizienz, der andere nach kreativer Freiheit, die dritte nach Kontrolle und Übersicht. Nur wer diese Muster erkennt, kann die Nutzerführung, Sprache und Funktionalität wirksam darauf ausrichten.

Segmenttypen im psychologischen Kontext

Psychologisch fundierte Segmentierung klassifiziert nicht Menschen, sondern Nutzungsmotive. Dabei geht es nicht um starre Schubladen, sondern um dynamische Typen, die Orientierung geben. Hier ein paar Beispiele:

Der Effizienzorientierte sucht Klarheit und Zielerreichung ohne Umwege. Er will keine Tutorials, sondern Ergebnisse. Die Sicherheitsmotivierte hingegen meidet Unsicherheit. Sie braucht Vertrauen, klare Prozesse, sichtbare Rückversicherung. Der Explorative lässt sich gern inspirieren, probiert Neues aus, braucht aber Freiraum. Die Kontrollliebende mag Struktur, Planbarkeit und Kontrolle über alle Funktionen. Und der Statusorientierte sucht Sichtbarkeit, Anerkennung und Vergleichbarkeit.

Diese Segmenttypen sind keine Personas. Sie sind psychologische Muster, die sich in Form, Sprache und Timing von Produktentscheidungen übersetzen lassen.

Psychologische Segmentierung im Produktprozess

Wenn Teams psychologisch segmentieren, verändert sich der Blick auf das Produkt grundlegend. Nicht die Funktion steht im Zentrum, sondern die Wirkung auf den inneren Zustand des Nutzers. Welche Art von Sprache beruhigt, welche fordert heraus? Wie viel Erklärung ist nötig, wie viel Eigenverantwortung möglich? Welche Entscheidungen fühlen sich mühelos an und welche erzeugen Reibung?

Ein sicherheitsorientierter Nutzer wird bei einem Setup-Prozess andere Signale brauchen als ein explorativer Typ: Klarere Zwischenschritte, mehr Kontrolle, weniger Überraschungen. Ein statusmotivierter Nutzer will vielleicht wissen, wie viele andere schon einen Schritt abgeschlossen haben und wo er im Vergleich steht.

Auch Pricing-Strategien können differenziert werden. Während der Effizienztyp Wert auf ein transparentes, rationales Preismodell legt, schätzt der statusorientierte Nutzer möglicherweise exklusive Funktionen oder Zugang zu „Pro"-Bereichen.

Von Research zu Proto-Segmenten

Psychologische Segmentierung beginnt nicht im Whiteboard-Workshop, sondern im Nutzerkontakt. Tiefergehende Interviews, kontextuelle Beobachtungen und qualitative Clusteranalysen helfen dabei, psychologische Muster zu erkennen.

Besonders wirksam ist die Auswertung von Sprache: Wie beschreibt ein Nutzer seine Arbeit? Welche Worte verwendet er, wenn er von Zielen oder Hürden spricht? Redet er von Kontrolle, von Freiheit, von Belastung? Hier entstehen die narrativen Kerne für sogenannte Proto-Segmente – vorläufige psychologische Zielgruppen, die auf Gemeinsamkeiten in Motivlagen beruhen, nicht auf äußerer Ähnlichkeit.

Diese Proto-Segmente können in iterativen Research-Zyklen getestet und geschärft werden, durch Messaging-Experimente, A/B-Tests mit verschiedenen Tonalitäten oder gezielte Feature-Experimente.

Fallbeispiel: Neue Segmentlogik, neue Produktkraft

Ein Anbieter für Teamorganisation hatte stagnierende Nutzungszahlen, trotz kontinuierlicher Produktpflege. Die Produktstrategie richtete sich an klassische Persona-Modelle: Teamleiter, Projektmanager, Führungskräfte. Doch die psychologische Realität war komplexer. Nach qualitativer Analyse zeigte sich: Die größte Nutzergruppe war nicht innovationsgetrieben, sondern integrationsgetrieben. Ihre Hauptmotivation war nicht Neues zu lernen, sondern Bestehendes besser zu machen.

Der kommunikative Shift war entscheidend. Statt von „Kollaboration neu denken" sprach das Produkt nun von „Stabil arbeiten, mit weniger Koordinationsaufwand". Features wurden nicht mehr als Neuerung präsentiert, sondern als

Erleichterung. Ergebnis: Die Feature-Adoption stieg um 47 %, die Retention nach 60 Tagen um 32 %.

Segmentiere nicht nach Äußerem, sondern nach innerem Muster

Wer sein Produkt strategisch führen will, muss Nutzerverhalten verstehen. Und Verhalten entsteht aus Motiv, Denkweise und Emotion, nicht aus Beruf, Alter oder Device. Psychologische Segmentierung erlaubt differenziertere Ansprache, relevantere Funktionen und wirksamere Kommunikation. Sie ist anspruchsvoller als demografisches Clustering, aber auch wirkungsvoller. Denn am Ende entscheidet nicht der Lebenslauf, sondern das psychologische Profil.

42 Zielkonflikte moderieren: Wenn Nutzererwartungen, Business-Logik und UX kollidieren

Wenn alles gleichzeitig wichtig ist

In der Realität moderner Produktentwicklung sind Zielkonflikte eher die Regel als die Ausnahme. Nutzer fordern Einfachheit und Relevanz, das Business strebt nach Wachstum, Monetarisierung und Skalierung, während UX-Designer auf Klarheit, Konsistenz und psychologische Anschlussfähigkeit achten. Diese Interessen stehen selten in harmonischer Balance und genau deshalb benötigen sie bewusste Moderation statt spontaner Kompromisse.

Ein psychologisch fundierter Umgang mit solchen Spannungen beginnt mit der Erkenntnis: Hinter jeder Forderung steckt ein Bedürfnis. Ein Feature-Wunsch, ein Monetarisierungsansatz oder ein UI-Konzept sind nie nur sachlich, sie transportieren innere Motive. Wer diese erkennt, kann differenziert moderieren und kreative Lösungen ermöglichen, die mehr sind als der kleinste gemeinsame Nenner.

Zwischen Nutzer, Business und UX – drei Pole, ein Spannungsfeld

Das klassische Spannungsdreieck lässt sich wie folgt beschreiben: Die Nutzersicht wünscht intuitive Bedienbarkeit, sofortige Relevanz und möglichst geringe kognitive Last. Die Businessperspektive denkt in KPIs, Wachstumskennzahlen, Lifetime Value und Monetarisierungsmodellen. UX hingegen ist der Anwalt für Konsistenz, Klarheit, emotionale Wirkung und langfristige Benutzerbindung.

An der Schnittstelle dieser drei Pole entstehen Konflikte: Wenn das Business ein Upselling-Element prominent platzieren möchte, das UX aber als störend empfindet und die Nutzer als manipulativ erleben. Oder wenn ein Feature technisch und wirtschaftlich sinnvoll ist, aber bei der Zielgruppe Unsicherheit und Ablehnung auslöst.

Psychologische Kartografie: Spannungen sichtbar machen

Um diese Konflikte nicht nur zu identifizieren, sondern strukturiert zu bearbeiten, helfen psychologische Landkarten. Statt die Diskussion nur um Positionen zu führen („Das muss rein!" vs. „Das stört die Klarheit!"), lohnt sich der Blick hinter die Argumente. Welche Bedürfnisse sprechen aus den Positionen? Welche emotionalen Wirkungen sind zu erwarten?

Ein erster Schritt ist das Bedürfnis-Mapping: Welches psychologische Grundmotiv liegt einem Vorschlag zugrunde? Ist es der Wunsch nach Kontrolle, der hinter einem Konfigurationsmenü steckt? Ist es das Bedürfnis nach Anerkennung, das sich im Vorschlag für Badges und Rankings manifestiert? Diese Ebene macht aus harten Zielkonflikten verhandelbare Spannungen.

Ein zweiter Schritt ist die sogenannte Konflikt-Matrix. Hier wird für jede geplante Maßnahme notiert, was sie für den Nutzer, das Business und die UX jeweils bringt und kostet. Die Matrix zwingt Teams, sich aus der eigenen Perspektive herauszubewegen und systemisch zu denken. Oft entstehen dadurch überraschende Alternativen.

Und ein dritter Schritt ist die emotionale Wirkungsvorausschau: Wie *fühlt* sich ein Element in der realen Nutzung an? Nicht nur: Was leistet es? Sondern: Welche Haltung ruft es hervor? Fördert es Vertrauen oder erzeugt es subtilen Druck? Diese Vorwegnahme kann als Storyboard, Prototyp oder qualitative Hypothese formuliert werden.

Sprache und Haltung: Moderation statt Mediation

Zielkonflikte lassen sich nicht nur analytisch lösen, sie müssen moderiert werden. Dabei hilft weniger Argumentation als die Fähigkeit, zwischen Forderung und Bedürfnis zu unterscheiden. Ein Stakeholder, der lautstark fordert, dass ein Feature „sichtbar" gemacht werden muss, möchte in Wahrheit oft Sicherheit über den ROI seiner Initiative. Ein Designer, der sich gegen eine Funktion „aus ästhetischen Gründen" wehrt, kämpft häufig für eine psychologisch konsistente Nutzerführung.

Wer solche Dynamiken erkennt, kann neu formulieren. Statt „Das geht so nicht!" heißt es dann: „Welches Risiko möchtest du vermeiden?" Oder: „Welches Gefühl möchtest du dem Nutzer vermitteln?" Diese Fragen schaffen einen neuen Denkraum.

Moderationstechniken wie Reframing („Worum geht es hier wirklich?"), Hypothetisieren („Was würde passieren, wenn ...?") oder Visualisieren („Wie würde das auf einem echten Nutzerbildschirm aussehen?") wirken oft entlastend. Sie lösen Fronten auf und machen Raum für Gestaltung.

Fallbeispiel: Drei Perspektiven, eine Lösung

Ein Anbieter für ein digitales Empfehlungsprodukt stand vor einem typischen Dreieckskonflikt: Das Business wollte ein Empfehlungsmodul möglichst prominent platzieren, um Zusatzverkäufe zu fördern. Die UX warnte vor visueller Überladung und Ablenkung vom Hauptnutzen. Die Nutzer wiederum reagierten in Tests empfindlich auf plötzliche Hinweise, die sie als aufdringlich empfanden.

Die Lösung entstand durch psychologische Moderation: Statt auf Platzierung zu beharren, wurde das Bedürfnis nach Relevanz identifiziert, bei allen drei Parteien. Die Empfehlung wurde kontextualisiert („Basierend auf deinem letzten Schritt") und adaptiv eingeblendet. Die Sprache wurde auf Nutzerbedürfnisse angepasst („Vielleicht hilfreich für dich") statt auf Produktlogik („Weitere Angebote").

Das Ergebnis: Die UX wurde nicht kompromittiert, das Business-Ziel wurde erreicht (höhere Klickrate), und Nutzerreaktionen verbesserten sich messbar. Die Lösung lag nicht in der Mitte, sondern auf einer neuen Ebene.

Tiefe statt Ausgleich

Zielkonflikte sind keine Störungen. Sie sind Hinweise auf unterschiedliche Bedürfnisse, die in einem Produkt aufeinandertreffen. Wer sie erkennt, sichtbar macht und moderiert, schafft keine faulen Kompromisse, sondern starke Entscheidungen. Psychologische Landkarten, Empathie und systemisches Denken helfen dabei, den Raum zwischen Nutzer, Business und UX nicht als Kampfzone, sondern als Gestaltungsfeld zu begreifen.

43 Time-to-Meaning: Warum nicht Geschwindigkeit, sondern Relevanz zählt

Geschwindigkeit ohne Bedeutung ist Verschwendung

In vielen Produktstrategien dominiert ein Ziel: schneller werden. Time-to-Market gilt als heiliger Gral, MVPs müssen in wenigen Wochen live gehen, und kurze Release-Zyklen gelten als Zeichen von Innovationskraft. Doch diese Fokussierung auf Geschwindigkeit greift zu kurz. Denn das eigentliche Kriterium für Produktwirkung ist nicht, wie schnell etwas gebaut wird, sondern wie schnell es im Kopf und Herzen der Nutzer *ankommt*.

Der Begriff „Time-to-Meaning" beschreibt genau das: die Zeitspanne zwischen erstem Kontakt und dem Moment, in dem ein Nutzer die Bedeutung eines Produkts *für sich* erkennt. Es ist der Augenblick, in dem ein innerer Klick entsteht: „Das ist relevant für mich. Das hilft mir weiter." Und dieser Moment ist entscheidend für Adoption, Engagement und Bindung.

Vom Code zur Wirkung – ein Perspektivwechsel

Traditionelle KPIs betrachten technische und operative Geschwindigkeit: Wie schnell ist ein Feature live? Wie kurz ist der Onboarding-Prozess? Wie hoch die Conversion-Rate nach 5 Minuten? Diese Metriken sind nützlich, aber sie erfassen nicht den entscheidenden psychologischen Moment. Denn Nutzer entscheiden nicht anhand von Effizienz-Metriken, sondern anhand von *Bedeutung*. Sie bleiben bei einem Produkt, weil sie sich verstanden fühlen. Weil sie erkennen, dass es einen konkreten Wert in ihrem Leben schafft.

Time-to-Meaning verschiebt also die Perspektive: weg vom bloßen Launch, hin zur ersten psychologisch spürbaren Wirkung. Und genau diese Wirkung entsteht, wenn drei Bedingungen erfüllt sind: Der Nutzer versteht das *Versprechen*, erkennt den *Bezug* zu einem persönlichen Ziel und erlebt ein erstes Gefühl von *Selbstwirksamkeit*.

Barrieren auf dem Weg zur Bedeutung

Viele digitale Produkte scheitern nicht an ihrer Technologie, sondern an fehlender Anschlussfähigkeit. Nutzer wissen nicht, *was* sie tun sollen, *warum* es sich lohnt oder *wo* sie beginnen sollen. Es fehlt der emotionale Einstiegspunkt, das unmittelbare Gefühl: „Ich bin hier richtig."

Diese Verzögerungen entstehen durch typische Hürden: zu abstrakte Sprache, fehlender Kontext, Überinformation, technisches Framing ohne Nutzenbezug. Kognitive Reibung entsteht, wo ein klarer Gedanke helfen könnte. Produkte, die überladen, überfordern oder verwirren, verlängern die Time-to-Meaning und verlieren damit Nutzer, bevor überhaupt eine Beziehung entstanden ist.

Neue Metriken für neue Wirkung

Was wäre, wenn Teams ihre Prozesse nicht auf *Liefergeschwindigkeit*, sondern auf *Bedeutungsgeschwindigkeit* optimierten? Der Fokus würde sich verschieben: vom Feature-Launch zur Nutzerwahrnehmung, vom Task zur Emotion, vom Funnel zur Beziehung.

Daraus ergeben sich neue KPIs:

- Die Time-to-First-Aha: Wie schnell erlebt ein Nutzer einen echten Mehrwert?

- Die Emotional Hook Rate: Wie viele Nutzer fühlen sich innerhalb der ersten drei Minuten angesprochen und motiviert?

- Die Drop-Off-Motive in den ersten fünf Minuten: Nicht nur ob, sondern warum springen Nutzer ab?

Diese Kennzahlen sind auf den ersten Blick schwerer zu messen, aber auf den zweiten Blick deutlich wirksamer. Denn sie spiegeln die *psychologische* Resonanz wider, nicht nur die technische Performance.

Design für schnellen Sinn

Ein kurzer Time-to-Meaning entsteht nicht durch Vereinfachung allein, sondern durch gezielte Gestaltung psychologischer Wirkung. Sprache, Interface, Timing und Interaktionsstruktur tragen gemeinsam dazu bei, ob ein Produkt innerlich andockt oder nicht.

Kernprinzipien sind:

- Ein Einstieg, der nicht erklärt, sondern verspricht.

- Eine Führung, die nicht alle Funktionen zeigt, sondern relevante Angebote macht.

- Sprache, die nicht instruiert, sondern ermutigt.

- Feedback, das nicht den Fortschritt misst, sondern Erfolg erlebbar macht.

Produkte, die in den ersten Minuten Orientierung, emotionale Bestätigung und Handlungsspielraum geben, erzeugen Bedeutung und damit Bindung.

Fallbeispiel: Ein Produkt, das zuerst verstanden werden musste

Ein Start-up im Bereich HR-Tech hatte ein Tool für Performance Reviews entwickelt. Die Technologie war robust, das Design modern, die Features durchdacht. Und doch blieb die Nutzung hinter den Erwartungen zurück. Eine Analyse zeigte: Der Einstieg war zu abstrakt, zu funktional, zu rollenunspezifisch. Nutzer wussten nicht, wo sie anfangen sollten, und fühlten sich nicht angesprochen.

Die Lösung: Ein neues Onboarding, das direkt mit einer konkreten Handlung begann, etwa dem Verfassen eines ersten Feedbacks. Die Ansprache wurde rollenbasiert differenziert („Was willst du als Teamleiter erreichen?"), das Framing emotionalisiert („Wertschätzung beginnt mit Klarheit"). Innerhalb weniger Klicks erlebte der Nutzer: „Ich kann etwas bewirken."

Das Ergebnis: Die Time-to-First-Aha sank drastisch, die Wiederkehrrate stieg, und das Feedback lautete: „Ich habe sofort verstanden, warum dieses Tool sinnvoll ist."

Bedeutung ist das neue Tempo

Im Wettstreit der Alternativen gewinnt nicht das Produkt, das zuerst da ist, sondern das zuerst *verstanden* wird. Time-to-Meaning ist der neue Maßstab für Produktqualität. Es geht nicht darum, wie schnell du lieferst, sondern wie schnell du Wirkung erzeugst. Produkte, die diesen Moment gestalten, werden nicht nur genutzt. Sie werden *gewählt,* aus Überzeugung, nicht aus Zufall.

44 Psychologische Sicherheit in Produktteams: Der unsichtbare Hebel für Qualität

Wenn Mut wichtiger ist als Methode

In der modernen Produktentwicklung entscheidet nicht allein die Methodik über die Qualität von Arbeitsergebnissen, sondern vor allem der psychologische Raum, in dem diese Arbeit geschieht. Ein Begriff rückt dabei zunehmend in den Fokus: *psychologische Sicherheit*. Gemeint ist damit das geteilte Gefühl im Team, dass niemand negative Konsequenzen fürchten muss, wenn er Unsicherheiten zeigt, Fehler zugibt oder unbequeme Fragen stellt. Diese Offenheit ist nicht nur ein Zeichen für eine gute Teamkultur, sie ist der unsichtbare Hebel für Produktqualität.

Amy Edmondson, die das Konzept entscheidend prägte, beschreibt psychologische Sicherheit als Grundlage für effektive Zusammenarbeit. Gerade in komplexen, dynamischen Umgebungen, also dort, wo digitale Produkte entstehen, ist sie Voraussetzung dafür, dass Menschen ihr Denken, ihr Wissen und ihre Perspektiven offen einbringen. Wo sie fehlt, entstehen Fehler nicht durch Inkompetenz, sondern durch Schweigen.

Der Zusammenhang zwischen Sicherheit und Produktqualität

Ein Team, das sich sicher fühlt, spricht mehr aus und damit früher. Es stellt Annahmen infrage, meldet Unsicherheiten zurück, gibt ehrliches Feedback zu Nutzerreaktionen und denkt kreativer über Alternativen nach. Entscheidungen entstehen nicht auf der Basis stummer Zustimmung, sondern im Dialog. Es wird nicht gewartet, bis etwas schiefläuft, sondern schon im Vorfeld antizipiert, was besser laufen könnte.

In der Praxis bedeutet das: Bugs werden früher entdeckt, weil jemand sich traut, auf ein ungutes Gefühl hinzuweisen. Feature-Ideen werden häufiger geteilt, weil niemand Angst hat, als „zu visionär" abgestempelt zu werden. Diskussionen werden fundierter, weil auch vermeintlich naive Fragen erlaubt sind und manchmal genau diese Fragen die entscheidenden Wendepunkte bringen.

Das Gegenteil zeigt sich ebenso deutlich: In Teams ohne psychologische Sicherheit werden Fehler kaschiert, Meetings sind still, Entscheidungen werden rückblickend kritisiert, aber im Moment nicht hinterfragt. Ideen bleiben unausgesprochen. Feedback wird weichgespült oder unterdrückt. Die Folge: Produkte entstehen auf Basis von Annahmen, nicht von Erkenntnis. Das Risiko steigt und mit ihm der Aufwand zur Schadensbegrenzung.

Symptome und Signale fehlender Sicherheit

Psychologische Sicherheit zeigt sich nicht in bunten Post-its oder der Anzahl gemeinsamer Teamevents. Sie zeigt sich in der Sprache, in der Reaktion auf Unsicherheit und im Umgang mit Kritik. Ein sicherer Raum ist da, wo Sätze wie „Ich bin mir nicht sicher, aber ...“, „Ich habe da eine ganz andere Sichtweise“ oder „Darf ich das mal kritisch hinterfragen?“ nicht als Risiko, sondern als Ressource erlebt werden.

Fehlt diese Sicherheit, häufen sich bestimmte Verhaltensweisen: Gespräche drehen sich um Konsens statt um Substanz. Entscheidungen werden durchgewunken. Unsicherheit wird hinter Floskeln versteckt. Neue Teammitglieder brauchen lange, um sich zu äußern. Kritik wird als Angriff verstanden. Und in Retrospektiven wird rückblickend über Dinge gesprochen, die man im Moment selbst nicht benennen konnte.

Solche Muster sind keine persönlichen Defizite, sie sind Reaktionen auf ein System, das psychologisch nicht sicher ist.

Wie Sicherheit entsteht: Haltung und Handlung

Psychologische Sicherheit ist kein Zustand, den man herstellt, sondern ein Klima, das man pflegt. Sie entsteht nicht durch eine große Initiative, sondern durch viele kleine Signale. Besonders stark wirkt das Verhalten der Führung: Wer Unsicherheit zeigt, ermöglicht anderen, ebenfalls offen zu sein. Wer Fehler eingesteht, macht es anderen leichter, ebenfalls zu lernen. Wer Kritik einlädt, statt sie zu bremsen, schafft Raum für Reflexion.

Aber auch Rituale helfen: Check-ins zu Beginn von Meetings, in denen Teammitglieder ihre Stimmung teilen. Retrospektiven, in denen nicht nur über Prozesse, sondern über persönliche Hürden gesprochen wird. Offene Fragen wie „Was hätten wir fast übersehen?" oder „Wer denkt gerade anders als die Mehrheit?" eröffnen Denk- und Gefühlsräume, in denen Neues entstehen darf.

Ein weiterer Hebel liegt in der Sprache: Statt zu bewerten („Das ist doch logisch!"), lieber zu explorieren („Was lässt dich das denken?"). Statt Zustimmung zu fordern, Unsicherheit zu normalisieren. Und statt Antworten zu suchen, Fragen zu stellen, die Denken anregen.

Praxisfall: Vom Taktieren zur echten Zusammenarbeit

Ein Beispiel: In einem Produktteam eines mittelgroßen SaaS-Unternehmens war die Stimmung zwar höflich, aber zurückhaltend. In Meetings dominierte das Management, Rückmeldungen blieben vage, und kritische Themen wurden meist vertagt. Die Produktqualität stagnierte, obwohl das Team gut qualifiziert war.

Nach einer Workshop-Reihe zur psychologischen Sicherheit veränderte sich die Kultur spürbar. Führungskräfte begannen, regelmäßig von eigenen Unsicherheiten zu berichten („Ich bin mir unsicher, ob das der richtige Fokus ist, was denkt ihr?"). In Reviews wurde die Frage eingeführt: „Was hätten wir übersehen können?" In der Retro entstand ein neues Format: das „Erkenntnislogbuch" – jede Woche teilt jemand eine persönliche Lernerfahrung.

Das Resultat war messbar: mehr Diskussion, mehr Ideen, weniger Fehler. Und vor allem: ein Team, das sich wieder als Gestalter verstand, nicht nur als Ausführer.

Sicherheit ermöglicht Exzellenz

Im Produktmanagement, das sich durch Unsicherheit, Komplexität und hohe Dynamik auszeichnet, ist psychologische Sicherheit keine „weiche" Voraussetzung, sondern ein harter Erfolgsfaktor. Sie entscheidet darüber, ob ein Team sein volles

Potenzial entfalten kann oder ob es sich aus Angst vor Fehlern, Kritik oder Ablehnung selbst begrenzt.

Wer in Produktqualität investieren will, sollte nicht nur an Tools und Methoden arbeiten. Sondern an der Atmosphäre, in der gedacht, gefragt und gestritten werden darf. Denn wo Menschen sich sicher fühlen, entstehen mutigere Entscheidungen, bessere Ideen und letztlich: bessere Produkte.

45 Entscheidungspsychologie im Team – Zwischen Konsensdruck und Entscheidungsstarre

Entscheidungen sind kein neutraler Vorgang

In der Produktentwicklung besteht häufig die Illusion, Entscheidungen seien rein rationale Prozesse. Man gehe davon aus, dass Argumente sorgfältig abgewogen, Optionen sachlich verglichen und Entscheidungen logisch gefällt würden. Doch die Realität in Teams sieht anders aus: Entscheidungen sind soziale und psychologische Vorgänge, geprägt von Gruppendynamiken, unausgesprochenen Regeln, kognitiven Verzerrungen und emotionaler Unsicherheit.

Das führt zu klassischen Mustern: Meetings, die kein Ergebnis bringen. Vorschläge, die aus Angst vor Ablehnung nicht ausgesprochen werden. Entscheidungen, die im Konsens enden, aber kaum Substanz haben. Und Priorisierungen, die vertagt werden, weil sich niemand traut, die Verantwortung zu übernehmen. Wer diese Dynamiken verstehen und verändern will, muss nicht nur Prozesse verbessern, sondern Denk- und Entscheidungsräume psychologisch gestalten.

Gruppendynamik und Entscheidungsverzerrung

Teamentscheidungen entstehen selten durch objektive Analyse, sondern unterliegen gruppenpsychologischen Effekten. Einer der häufigsten ist der sogenannte *Konsensdruck*: Die Gruppe strebt nach Harmonie, wodurch kritische Stimmen unterdrückt werden. Widerspruch wird als Störung empfunden, nicht als Ressource. Gerade in hierarchisch geprägten oder konfliktscheuen Teams führt das zu einer Atmosphäre, in der Schweigen als Zustimmung gilt, selbst wenn Zweifel vorhanden sind.

Ein zweites Muster ist die *Entscheidungsstarre*. Wenn zu viele Optionen bestehen oder die Tragweite einer Entscheidung zu hoch erscheint, entsteht Lähmung. Das Team diskutiert, vertagt, prüft erneut, ohne voranzukommen. Meist steckt dahinter ein Mangel an psychologischer Sicherheit: Die Angst, falsch zu entscheiden, überwiegt den Mut zur Klarheit.

Hinzu kommen *kognitive Verzerrungen*. Der sogenannte Ankereffekt etwa sorgt dafür, dass die zuerst genannte Option unverhältnismäßig viel Gewicht bekommt. Der Bestätigungsfehler (Confirmation Bias) führt dazu, dass Argumente bevorzugt werden, die die eigene Sichtweise stützen. Und der Recency Bias lässt zuletzt Gesagtes dominanter wirken als frühere Beiträge. Diese Verzerrungen wirken subtil, aber entscheidend und sie lassen sich nur durch strukturierte Reflexion entschärfen.

Entscheidungsdesign statt Meetingkultur

Um bessere Entscheidungen zu ermöglichen, braucht es kein weiteres Meeting. Es braucht ein anderes Entscheidungsdesign, eines, das auf psychologischer Klarheit, nicht auf bloßer Prozessdisziplin basiert. Ein erster Schritt ist die bewusste Trennung von Ideenfindung und Bewertung. In vielen Meetings vermischen sich diese Phasen: Eine Idee wird geäußert, sofort kommentiert, und damit oft unbewusst disqualifiziert. Wenn man stattdessen zunächst alle Ideen sammelt – etwa in schriftlicher Form – und erst danach bewertet, steigt die Vielfalt der Perspektiven.

Ein zweiter Hebel liegt in der Rollenklärung. Viele Teams verwechseln Mitsprache mit Mitentscheidung. Das erzeugt diffuse Verantwortung und blockiert Tempo. Klar definierte Entscheidungsrollen – wer gibt Input, wer entscheidet, wer trägt die Umsetzung – schaffen Orientierung. Modelle wie RACI oder RAPID helfen, diese Rollen sichtbar und anschlussfähig zu machen.

Auch das bewusste Ansprechen typischer Denkverzerrungen wirkt befreiend. Fragen wie „Welche Alternativen haben wir übersehen?" oder „Welche Hypothesen beeinflussen uns gerade?" öffnen den Raum für Reflexion. Teams, die sich diesen Fragen regelmäßig stellen, entwickeln mit der Zeit ein kollektives Bewusstsein für psychologische Fallstricke und lernen, besser mit ihnen umzugehen.

Die Kunst der Moderation: Konflikt als Ressource

Ein oft unterschätzter Aspekt guter Entscheidungsprozesse ist die Moderation. Ihre Aufgabe ist es nicht, Entscheidungen zu beschleunigen, sondern den Raum so zu gestalten, dass alle relevanten Perspektiven sichtbar werden. Dazu gehört, Spannungen nicht zu glätten, sondern zu benennen. Unterschiedliche Sichtweisen sind kein Störfaktor, sondern das Rohmaterial guter Entscheidungen.

Moderation bedeutet auch, die impliziten Dynamiken offenzulegen: Wer spricht besonders viel und wer gar nicht? Welche Themen werden regelmäßig vermieden? Welche Ideen dominieren durch Status, nicht durch Substanz? Indem solche Muster sichtbar gemacht werden, entsteht Raum für echte Entscheidungsqualität.

Hilfreich sind dabei Fragen, die den Perspektivwechsel fördern: „Was würde ein neuer Kollege dazu sagen?" oder „Was, wenn wir diese Entscheidung rückblickend bewerten müssten?" Solche Fragen helfen, eingefahrene Denkpfade zu verlassen und neue Bewertungen zu ermöglichen.

Praxisbeispiel: Entscheidungsarbeit neu gedacht

Ein wachsendes Tech-Start-up hatte die Erfahrung gemacht, dass trotz vieler Meetings zu wenig entschieden wurde. Themen wurden mehrfach diskutiert, Verantwortlichkeiten waren unklar, und die Umsetzung verzögerte sich regelmäßig. Die Produktentwicklung litt, nicht an Know-how, sondern an Entscheidungsklarheit.

Nach einer Teamanalyse wurden neue Strukturen eingeführt. Entscheidungen wurden künftig in dokumentierten Runden getroffen, mit klar benannten Rollen: Entscheidungsvorbereitung, Input, Challenge, Entscheidung. In Meetings gab es eine Trennung zwischen Denkphase (alle schreiben Ideen auf) und Bewertungsphase (offene Diskussion mit Moderation). Kritische Punkte wurden systematisch adressiert, bevor eine Entscheidung getroffen wurde.

Das Resultat: Weniger Meetings, aber mehr Beschlüsse. Höhere Umsetzungsgeschwindigkeit. Und ein wachsendes Vertrauen in die eigene Entscheidungskraft. Besonders auffällig war: Teammitglieder fühlten sich psychologisch sicherer, weil die Spielregeln klar waren.

Entscheiden heißt gestalten

Entscheidungen in Teams sind kein bloßer Vorgang, sie sind ein Spiegel der inneren Dynamik. Wer nur auf Prozesse achtet, aber die psychologische Architektur ignoriert, riskiert Stillstand. Wer dagegen die impliziten Muster erkennt, Verzerrungen benennt, Sicherheit schafft und Formate etabliert, kann Entscheidungsprozesse so gestalten, dass sie kraftvoll, klar und wirksam sind.

In der Produktarbeit entscheidet sich Erfolg nicht nur daran, *was* entschieden wird, sondern *wie*. Denn gute Entscheidungen entstehen nicht durch mehr Daten. Sondern durch bessere Dialoge.

46 Psychologisches Ownership im Team: Wenn Produktverantwortung nicht delegiert wird, sondern entsteht

Verantwortung ist kein Task

In vielen Produktteams wird Verantwortung als etwas Missverständliches gehandhabt. Sie wird verteilt, dokumentiert, zugewiesen, als wäre sie eine Ressource, die sich wie ein Arbeitspaket verwalten ließe. Auf Organigrammen sieht das strukturiert aus: Der Product Owner verantwortet die Roadmap, das UX-Team das Nutzererlebnis, das Development die technische Umsetzung. Doch im Alltag entsteht oft ein anderes Bild: Aufgaben werden erledigt, aber niemand fühlt sich wirklich zuständig. Feedback versandet. Probleme werden weitergereicht. Und hinter dem Rücken murmelt man: „Dafür war ich ja nicht verantwortlich."

Der Grund liegt in einem Missverständnis. Verantwortung lässt sich nicht einfach übertragen, sie muss *entstehen*. Sie wächst nicht aus Rollenbeschreibungen, sondern aus Haltung, Kontext und psychologischer Verankerung. Genau hier kommt das Konzept des *psychologischen Ownership* zum Tragen: der innere Zustand, in dem Menschen sich mit einer Aufgabe, einem Thema oder einem Produkt so identifizieren, dass sie sich verantwortlich *fühlen*. Nicht weil sie müssen, sondern weil sie *wollen*.

Woraus Ownership wirklich entsteht

Psychologisches Ownership entsteht nicht auf dem Papier, sondern im Erleben. Es ist ein Gefühl, das sich dort einstellt, wo Menschen merken: Ich kann etwas beeinflussen. Ich kann etwas bewirken. Und das, was ich tue, macht einen Unterschied. Dieses Erleben speist sich aus mehreren Quellen, allen voran der Selbstwirksamkeit. Wenn ich merke, dass mein Handeln sichtbar wird, dass es Effekte hat und anerkannt wird, wächst mein Bezug zum Produkt. Ebenso entscheidend ist die Möglichkeit zur Einflussnahme: Wer in Entscheidungen eingebunden ist, entwickelt ein anderes Verhältnis zur Verantwortung. Auch Identifikation spielt eine Rolle: Wenn ich den Zweck eines Produkts verstehe und mich mit ihm verbinden kann, steigt meine Bereitschaft, über das Notwendige hinaus zu denken und zu handeln.

Fehlen diese Komponenten, entstehen zwei Muster: Entweder ziehen sich Teammitglieder innerlich zurück, sie machen Dienst nach Vorschrift, aber denken nicht mit. Oder sie verfallen in Kleinkriege um Zuständigkeiten. Ownership wird dann nicht geteilt, sondern verteidigt. In beiden Fällen leidet das Produkt. Denn was fehlt, ist nicht Kompetenz, sondern Verbindung.

Hebel für psychologisches Ownership im Alltag

Ownership kann nicht angeordnet werden, aber es lässt sich gestalten. Es gibt drei zentrale Hebelpunkte, an denen Produktteams ansetzen können:

Einfluss ermöglichen: Der wichtigste Schritt besteht darin, Räume zu schaffen, in denen Teammitglieder mitgestalten können. Das beginnt bei der Problemdefinition: Wenn Entwickler oder Designer nur Tickets bekommen, aber nicht wissen, wofür und für wen sie arbeiten, entsteht kein Bezug. Besser ist es, Probleme gemeinsam zu explorieren. Wenn ein Product Owner kein fertiges Konzept, sondern ein gut beschriebenes Nutzerproblem ins Team bringt, entsteht Raum für Mitdenken. Das Team wird nicht zum Umsetzer, sondern zum Mitgestalter. Ownership beginnt mit dem Gefühl: „Das ist auch meine Entscheidung."

Wirkung sichtbar machen: Menschen übernehmen dann Verantwortung, wenn sie erleben, dass ihr Handeln etwas bewirkt. Deshalb ist es essenziell, Wirkung nicht nur in KPIs zu messen, sondern im Team sichtbar zu machen. Wer sieht, dass ein Feature genutzt wird, dass ein Nutzerfeedback positiv ausfällt oder dass ein Bugfix Frust erspart hat, verbindet sich stärker mit dem Produkt. Rituale wie Demo-Sessions, Metrik-Reviews oder Feedback-Lesungen sind mehr als Reporting-Formate, sie sind psychologische Spiegel. Sie zeigen: „Das war unser Beitrag."

Bedeutung stiften: Verantwortung entsteht, wo Sinn erlebt wird. Wenn Teams wissen, warum sie etwas tun – und nicht nur, was sie tun sollen –, steigt die Identifikation. Dazu gehört eine Sprache, die über Tasks hinausgeht. Wer immer nur von „Tickets" spricht, erzeugt kein Ownership. Wer stattdessen über

„Nutzerprobleme", „Veränderung" oder „Erleichterung" spricht, gibt dem Tun Bedeutung. Auch kleine Rituale helfen: Eine Nutzerstory zu Beginn des Sprints. Ein Erfahrungsbericht am Review-Tag. Oder einfach der Satz: „Was wollen wir mit diesem Release ermöglichen?"

Was psychologisches Ownership blockiert

Genauso wichtig wie die Förderung ist die Vermeidung von Ownership-Killern. Micromanagement gehört zu den größten: Wer kontrolliert statt vertraut, entzieht Verantwortung. Auch fehlendes Feedback ist fatal, ohne Rückmeldung bleibt Wirkung unsichtbar. Überlastung wiederum verhindert Reflexion, und ohne Nachdenken entsteht kein Ownership. Besonders tückisch ist eine scheinbare Autonomie: Wenn Teams entscheiden dürfen, aber Entscheidungen wieder einkassiert werden, entsteht Frustration. Die Folge: Rückzug, Zynismus, innere Kündigung.

Ein Praxisbeispiel: Ownership durch Kontext

Ein FinTech-Unternehmen stand vor einem Problem: Die Produktqualität war solide, aber nie exzellent. Die Fluktuation im Team war hoch, Innovationsimpulse kamen fast nur von außen. Die Analyse zeigte: Die Entwicklerteams arbeiteten isoliert vom Nutzerkontext. Sie bekamen Tasks, aber kein Warum. Sie lieferten, aber ohne Verbindung.

Die Intervention war radikal in ihrer Schlichtheit: Wöchentliche Calls, in denen Nutzerfeedback vorgelesen wurde. Entwickler präsentierten ihre Features nicht mehr technisch, sondern erzählten, welchen Unterschied sie machten. Das Backlog wurde von Tasks auf Ergebnisse umgestellt: Statt „Filter implementieren" hieß es nun: „Nutzer können in unter 10 Sekunden relevante Daten finden."

Nach wenigen Wochen veränderte sich die Atmosphäre. Mehr Fragen im Planning. Mehr Ideen aus der Umsetzung. Mehr Verantwortungsgefühl. Und bald: Mehr Wirkung im Produkt.

Verantwortung entsteht von innen

Ownership ist kein Rollenkonstrukt, es ist ein psychologischer Zustand. Er entsteht dort, wo Menschen mitgestalten, Wirkung sehen und sich mit dem Ziel verbinden. Wer diesen Zustand kultiviert, schafft nicht nur engagiertere Teams, sondern bessere Produkte. Denn gute Ideen kommen selten von außen. Sie entstehen dort, wo sich jemand fragt: „Was würde ich tun, wenn es mein Produkt wäre?"

47 Kollektive Intuition: Wie erfahrene Teams gute Entscheidungen schneller treffen

Wenn man „es einfach weiß"

In manchen Teams fallen Entscheidungen bemerkenswert leicht. Es braucht keine langen Diskussionen, keine PowerPoint-Präsentationen, keine aufwendigen Priorisierungsworkshops. Stattdessen entsteht in kurzer Zeit Klarheit. Die Richtung stimmt, der Fokus passt, das Team zieht mit. Wer das erlebt, spürt: Hier wirkt etwas, das über individuelle Kompetenz hinausgeht. Etwas, das man schwer benennen, aber sofort erkennen kann: *kollektive Intuition*.

Dieses Phänomen ist kein Mysterium. Es basiert auf tief verwurzelten psychologischen Prozessen: auf gemeinsamer Erfahrung, auf gegenseitigem Vertrauen, auf einem feinen Gespür für das, was im jeweiligen Kontext gebraucht wird. In einer Zeit, in der Datenhunger, Toolfokus und Prozessüberformung dominieren, wirkt kollektive Intuition wie ein Gegenmodell. Und zugleich als Ergänzung: Denn sie ist kein Ersatz für Analyse, sondern ein Beschleuniger für gute Entscheidungen.

Wo Intuition beginnt: Erfahrung, Resonanz, Vertrauen

Intuition ist nicht irrational. Sie ist schneller als Ratio, aber nicht weniger fundiert. Sie beruht auf Mustererkennung, darauf, dass unser Gehirn über zahllose Erfahrungen hinweg lernt, Zusammenhänge zu erkennen, bevor wir sie bewusst durchdenken. Für Einzelpersonen ist dieser Mechanismus gut dokumentiert. Im Team entsteht ein kollektiver Resonanzraum, in dem sich diese individuellen Erfahrungen überlagern und ergänzen.

Voraussetzung dafür ist ein gewisser Reifegrad des Teams. Es braucht gemeinsame Erlebnisse, gelernte Routinen, eine geteilte Sprache und – am wichtigsten – eine Kultur, in der Unsicherheit erlaubt ist. Denn Intuition ist selten laut. Sie zeigt sich als leiser Zweifel, als Impuls, als Idee ohne klare Begründung. Wird dieser Impuls vorschnell abgewertet („Belege?", „Daten?"), verkümmert er. Wird er jedoch in einen Raum eingebracht, in dem man sagen darf: „Ich kann's nicht genau erklären, aber es fühlt sich nicht stimmig an", dann beginnt kollektive Intuition zu wirken.

Intuition sichtbar machen: Formate für implizites Wissen

Teams, die kollektiv-intuitiv entscheiden, tun das nicht zufällig. Sie haben sich, bewusst oder unbewusst, Formate geschaffen, in denen implizites Wissen zirkuliert. Das beginnt bei der Art, wie Fragen gestellt werden: Weniger „Was spricht dafür?", mehr „Was fehlt uns noch?". Es zeigt sich in Meetingstrukturen, die Reflexion ermöglichen: Was war gut? Was hat sich seltsam angefühlt? Und es zeigt sich in der Bereitschaft, nicht sofort zu bewerten, sondern Raum für Resonanz zu lassen.

Konkret helfen dabei Formate wie:

- *Intuitionsabfragen:* Vor dem Start einer Roadmap-Runde fragt jeder im Team: "Was würde dir sofort logisch erscheinen? Was fühlt sich unstimmig an?"

- *Erfahrungs-Sprints*: Statt User Stories werden eigene Erlebnisse mit Nutzerproblemen eingebracht. Das erzeugt Empathie und gemeinsames Gespür.

- *Narrative Retrospektiven:* Nicht nur Fakten, sondern Geschichten – „Wann hatten wir das letzte Mal ein „Das passt"-Gefühl?" – machen kollektives Erfahrungswissen greifbar.

Kollektive Intuition ist kein Bauchentscheid

Die größte Gefahr liegt im Missverständnis: Intuition heißt nicht, spontan zu handeln oder Analyse zu ignorieren. Kollektive Intuition ist immer gerahmt von Strategie, Zielbild und Kontext. Sie ist kein Freifahrtschein für unreflektierte Schnellschüsse, sondern ein *ergänzender Sinneskanal*, der im richtigen Moment Klarheit schafft, wo Analyse allein nicht reicht.

Das bedeutet: Intuition muss eingebettet sein in eine Kultur der Gegenseitigkeit. Sie braucht die Bereitschaft, sich selbst zu hinterfragen, Irritationen zuzulassen, Impulse anderer ernst zu nehmen. Und sie braucht das Vertrauen, dass ein Gefühl nicht nur „persönlich", sondern vielleicht kollektiv begründet ist.

Praxisbeispiel: Das Team, das anders priorisierte

Ein erfahrenes Produktteam in einem SaaS-Unternehmen stand vor der Aufgabe, eine neue Priorisierung vorzunehmen. Die übliche Bewertung nach Marktpotenzial und Aufwand ließ mehrere Optionen gleichwertig erscheinen. Statt lange zu rechnen, entschied man sich für ein anderes Vorgehen: Jeder im Team schrieb auf, welches Thema sich *jetzt* richtig anfühle und warum. Die Begründungen waren persönlich, oft emotional: „Ich glaube, das Thema hat gerade Energie." „Das läuft uns sonst davon." „Ich spüre da Bewegung im Markt."

Das Ergebnis: ein gemeinsamer Fokus, der sich stimmig anfühlte und sich später als goldrichtig herausstellte. Nicht, weil er rein analytisch war. Sondern weil er kollektiv resonierte.

Intuition ist Erfahrung in Bewegung

Kollektive Intuition ist kein Gegenmodell zur Rationalität. Sie ist deren früher Vorbote. Sie entsteht dort, wo Erfahrung, Reflexion und Beziehung sich verbinden. Wo man nicht alles erklären muss, aber vieles versteht. Wo man Entscheidungen nicht durchdrückt, sondern *gemeinsam spürt*, was jetzt dran ist.

Wer diesen Zustand kultiviert, gewinnt nicht nur Tempo, sondern Tiefe. Nicht nur Effizienz, sondern Wirksamkeit. Und vor allem: Teams, die einander *zuhören*. Und damit bessere Produkte bauen. Schneller. Stimmiger. Miteinander.

191

48 Meta-Kommunikation im Produktprozess: Wie man blinde Flecken im Denken erkennt

Denken braucht Reflexion

Produkte entstehen nicht allein aus Daten, Bedürfnissen und gut strukturierten Sprints. Vielmehr sind sie Resultat von Denkmodellen: mentalen Landkarten, die bestimmen, wie Teams Informationen bewerten, Prioritäten setzen und Entscheidungen treffen. Diese Denkmodelle sind meist unsichtbar. Sie wirken leise, aber mächtig, weil sie selten explizit gemacht werden. Und genau das ist ihr Risiko: Was wir nicht sehen, können wir nicht hinterfragen.

Meta-Kommunikation setzt hier an. Sie bedeutet, nicht nur über das Produkt zu sprechen, sondern über das *Denken über das Produkt*. Es ist die Praxis, Denkrahmen zu entlarven, Narrative zu hinterfragen und Entscheidungsprozesse transparent zu machen. Wer sie etabliert, bringt psychologische Tiefe in den Produktprozess und verbessert die strategische Qualität der Ergebnisse.

Denkmodelle formen Entscheidungen

Jede scheinbar rationale Produktentscheidung ist Ausdruck eines tieferliegenden Weltbilds. Wenn ein Team sagt: „Unsere Nutzer wollen Einfachheit", dann ist das keine neutrale Aussage. Es ist eine Interpretation, geprägt von Annahmen, Beobachtungen und auch Wünschen. Noch stärker wirkt das, wenn implizite Deutungen gar nicht mehr als Hypothesen, sondern als Fakten behandelt werden: "Wir müssen schneller sein als die Konkurrenz", "Feature X ist strategisch relevant", "Wir brauchen unbedingt ein Rebranding".

Diese Denkrahmen sind nicht falsch. Aber sie sind selektiv. Sie lenken die Aufmerksamkeit und blenden Alternativen aus. Wer nie darüber spricht, *wie* man denkt, läuft Gefahr, immer wieder dieselben Schleifen zu drehen, selbst wenn sich die Welt um einen herum verändert.

Die Wirkung von Meta-Kommunikation

Meta-Kommunikation schafft einen Resonanzraum jenseits der operativen Diskussion. Statt nur "Was machen wir als nächstes?" zu fragen, geht es um die tieferliegenden Fragen: "Warum denken wir, dass das der beste Weg ist?", "Welche Annahmen tragen unsere Argumente?", "Welche Muster wiederholen sich in unserer Entscheidungslogik?"

Ein Team, das sich traut, diese Fragen zu stellen, gewinnt Klarheit. Es erkennt blinde Flecken, kann festgefahrene Perspektiven aufbrechen und lässt neue Lösungsräume entstehen. Vor allem aber entsteht eine Kultur, in der Denken gestaltbar wird, nicht als intellektuelle Überhöhung, sondern als praktisches Werkzeug.

Drei Ebenen der Reflexion im Team

1. Denkmodelle sichtbar machen: Produktteams arbeiten oft mit stillschweigenden Hypothesen. Aussagen wie „Unsere Nutzer wollen mehr Personalisierung" oder „Wir brauchen eine AI-Strategie" sind in Wirklichkeit Deutungen – gespeist aus Kontext, Erfahrung und kollektiver Erwartung. In der Meta-Kommunikation geht es darum, diese Aussagen als das zu behandeln, was sie sind: Hypothesen.

Nützlich ist dabei das Prinzip des "Denkmodell-Spiegels": Ein Teammitglied formuliert die aktuelle Strategie oder ein Feature als Hypothese und das Team diskutiert nicht die Umsetzung, sondern die zugrundeliegende Denke. Was steckt dahinter? Welche Alternativen denken wir nicht mit?

2. Kognitive Verzerrungen erkennen: Auch in agilen, datengetriebenen Teams wirken Biases. Der Confirmation Bias führt dazu, dass wir vor allem Daten wahrnehmen, die unsere Hypothese stützen. Der Ankereffekt verleiht der zuerst genannten Idee eine überproportionale Bedeutung. Der Survivorship Bias blendet gescheiterte Versuche systematisch aus.

Meta-Kommunikation benennt diese Effekte. Sie fragt: "Wo denken wir gerade zu bequem?", "Welche Gegenbeweise ignorieren wir?", "Welche Alternativen würden wir sehen, wenn wir das Gegenteil annehmen?". Solche Fragen schaffen psychologische Beweglichkeit und verhindern vorschnelle Entscheidungen.

3. Narrative des Teams hinterfragen: Jedes Team trägt Geschichten in sich: "Wir sind das schnelle Team", "Bei uns darf nichts schiefgehen", "Unsere Nutzer sind kompliziert". Solche Narrative stiften Identität, können aber auch blockieren. Besonders dann, wenn sie implizit bleiben.

Meta-Kommunikation bedeutet, diese Geschichten zu identifizieren, auszusprechen und gegebenenfalls umzuschreiben. Welche Bilder nutzen wir für unsere Nutzer? Welche Metaphern für Erfolg? Welche Glaubenssätze prägen unser Selbstbild?

Erst wenn diese Muster sichtbar werden, können sie bewusst gestaltet werden – im Sinne einer produktiveren, realistischeren und offeneren Denkhaltung.

Praktische Formate für Meta-Kommunikation

Meta-Retrospektiven sind ein wirkungsvolles Tool. Statt nur über Prozesse oder Ergebnisse zu sprechen, geht es um Denkprozesse: "Wie sind wir zu dieser Entscheidung gekommen?", "Welche Argumente wurden nicht ausgesprochen?", "Welche Alternativen haben wir frühzeitig ausgeschlossen und warum?"

Ein weiteres Format ist das *Denkmodell-Canvas*: Jedes Teammitglied skizziert sein mentales Modell des Produkts oder Nutzers. Diese werden im Team verglichen. Unterschiede werden sichtbar, blinde Flecken erkennbar. So entsteht ein Dialog, der Perspektiven integriert, statt sie zu nivellieren.

Ergänzend kann eine *Schleifenanalyse* helfen: Welche Entscheidungen wiederholen sich? Welche Muster folgen aufeinander? Wenn etwa das Muster auftritt: "Wir priorisieren kurzfristig für Großkunden – neue Nutzer bleiben unbedient – wir verlieren Diversität im Feedback und priorisieren noch stärker für Großkunden", dann ist das nicht nur ein Business-Problem, sondern ein Denkmuster.

Beispiel aus der Praxis

Ein HR-Tech-Team stand unter Druck: Ein Key Account verlangte ein bestimmtes Feature. Die Roadmap wurde hektisch umgebaut. Doch in einer Meta-Retro stellte sich heraus: Das Team folgte einem impliziten Denkmodell: "Kundendruck = strategische Relevanz". Diese Gleichung war nie hinterfragt worden. Sie hatte sich eingeschlichen und wurde als Naturgesetz behandelt.

Nach offener Reflexion wurde das Modell aufgelöst. Stattdessen entstand ein neuer Leitsatz: "Kundendruck ist ein Signal, kein Imperativ". Das betroffene Feature wurde in den Kontext eingeordnet, nicht abgelehnt, aber anders priorisiert. Das Team gewann Handlungsspielraum zurück.

Denken braucht Sprache

Meta-Kommunikation ist kein Luxus, sondern Notwendigkeit. Sie schafft die sprachliche Grundlage, um das eigene Denken zum Thema zu machen. Und genau das ist der Anfang von strategischer Reife. Mit Blick auf die Zukunft, in der Geschwindigkeit und Komplexität weiter zunehmen, ist es nicht entscheidend, wer die besten Ideen hat. Sondern wer das eigene Denken reflektieren kann und dadurch bessere Entscheidungen trifft.

Ein gutes Produktteam erkennt: Die wichtigste Frage ist oft nicht *Was sollen wir tun?*, sondern *Wie denken wir eigentlich darüber?*

49 Re-Onboarding und Wiederkehr: Wie man verlorene Nutzer zurückholt (und warum sie oft zurück wollen)

Wiederkommen ist kein Zufall

Angesichts des starken Wettbewerbsdrucks bei digitalen Produkten, liegt der Fokus meist auf der Akquise neuer Nutzer und der Aktivierung ihrer ersten Schritte. Dabei gerät eine Zielgruppe leicht in Vergessenheit, die mindestens ebenso wertvoll ist: diejenigen, die einst begonnen haben, aber wieder ausgestiegen sind. Verlorene Nutzer gelten in vielen Unternehmen als abgeschlossenes Kapitel. Doch genau hier liegt ein strategischer Irrtum. Denn viele dieser Nutzer haben nicht aus Ablehnung aufgehört, sondern aus Überforderung, Ablenkung oder schlicht, weil der Moment nicht der richtige war. In ihnen schlummert ein Potenzial, das mit gezieltem Re-Onboarding aktiviert werden kann.

Re-Onboarding ist mehr als ein Reminder. Es ist ein psychologischer Neuanfang. Ein Angebot, sich erneut mit einem Produkt zu verbinden, aber aus einer veränderten Perspektive. Wer diesen Wiedereinstieg empathisch gestaltet, kann nicht nur Nutzer zurückgewinnen, sondern ihre Bindung vertiefen. Denn wer ein zweites Mal kommt, kommt oft bewusster.

Der Abschied ist selten endgültig

Um zu verstehen, wie Re-Onboarding wirksam gestaltet werden kann, muss man sich mit den Ursachen des Absprungs beschäftigen. Nutzer verlassen ein Produkt nicht unbedingt, weil es schlecht ist. Häufig treffen sie ihre Entscheidung unter spezifischen Umständen: ein stressiger Alltag, ein technisches Hindernis, eine nicht eingelöste Erwartung oder ein Moment der Überforderung. Oft ist es keine aktive Ablehnung, sondern eine passive Abwendung.

Psychologisch betrachtet bleibt jedoch oft eine kognitive Lücke zurück. Die Entscheidung zum Ausstieg wurde nicht bewusst abgeschlossen, sondern bleibt als "offene Schleife" im Hintergrund bestehen. Diese Unvollständigkeit ist ein

Ankerpunkt: Sie bietet die Möglichkeit, eine neue Beziehung zum Produkt zu stiften, wenn die Umstände passen und das Angebot stimmig ist.

Relevanz sticht Erinnerung

Viele Reaktivierungsversuche arbeiten mit schlichten Erinnerungsreizen: "Du warst lange nicht mehr da" oder "Dein Account wartet auf dich". Solche Botschaften erzeugen jedoch häufig eher Schuldgefühle als Motivation. Erfolgreiches Re-Onboarding basiert nicht auf Erinnerung, sondern auf *Relevanz*. Die zentrale Frage lautet: *Was hat sich geändert, dass das Produkt jetzt besser passt als damals?*

Dabei kann sich die Relevanz auf mehrere Ebenen beziehen. Vielleicht wurde das Feature-Set weiterentwickelt und trifft nun besser die ursprünglichen Erwartungen. Vielleicht hat sich der Lebenskontext des Nutzers geändert, sodass der Anwendungsfall plötzlich aktueller ist. Vielleicht ist die Einstiegshürde gesunken, weil das Onboarding verbessert wurde. Wichtig ist, dass das Re-Onboarding diesen Wandel *kommuniziert*.

Sicherheit vor Komplexität

Ein häufiger Grund für frühen Ausstieg ist das Gefühl, überfordert zu sein. Nutzer verlieren schnell das Vertrauen in sich oder das Produkt, wenn sie den Eindruck haben, etwas nicht "richtig" zu nutzen. Das Re-Onboarding sollte deshalb nicht einfach das alte Onboarding wiederholen, sondern gezielt auf Ängste, Unsicherheiten und Barrieren eingehen. Es muss deutlich machen: *Diesmal wird es einfacher.*

Ein sanfter Einstieg, Wahlfreiheit zwischen Wiederaufnahme und Neustart, Orientierungspunkte wie "Was hat sich seit deinem letzten Besuch getan?" oder "Hier sind deine gespeicherten Inhalte" schaffen psychologische Sicherheit. Nutzer müssen spüren: Ich kann mich auf das Produkt einlassen, ohne alles noch einmal lernen zu müssen.

Die Rolle der Emotionalität

Re-Onboarding ist auch ein emotionaler Moment. Nutzer, die zurückkehren, tragen eine Geschichte mit sich: von Neugier, vielleicht Frust, von Unterbrechung und nun einer neuen Motivation. Wer es schafft, diese Geschichte zu erkennen und zu spiegeln, erzeugt eine starke Verbindung. Das kann über Sprache geschehen ("Willkommen zurück, wir freuen uns, dass du es nochmal mit uns versuchst"), über visuelle Elemente oder über Inhalte, die den Wiedereinstieg erleichtern und emotional stützen.

Design des Re-Onboarding-Flows

Ein wirksames Re-Onboarding unterscheidet sich deutlich vom Erst-Onboarding. Es muss anschlussfähig sein, ohne zu überfordern. Besonders bewährt haben sich Formate, die mit dem Vorwissen und der Historie des Nutzers arbeiten. Dazu gehören:

- Personalisierte Startseiten, die bekannte Inhalte zeigen

- Hinweise auf zuletzt begonnene Aktionen ("Du warst dabei, dein erstes Projekt anzulegen")

- Auswahloptionen: "Weiter machen oder neu beginnen?"

- Kurze Updates: "Das ist neu seit deinem letzten Besuch"

- Emotionale Verstärkung: "Du bist nicht allein, viele kommen zurück"

All diese Elemente dienen dazu, Vertrauen wiederherzustellen, Energie zu aktivieren und eine neue Entscheidung zu ermöglichen, mit besseren Voraussetzungen.

Kommunikation mit Haltung

Ein unterschätzter Aspekt ist die Tonalität. Nutzer merken sehr genau, ob ein Reaktivierungsversuch aufrichtig ist oder rein marketinggetrieben. Die Kommunikation muss empathisch sein, nicht fordernd. Sie darf ruhig auch anerkennen, dass der erste Einstieg schwierig war. Eine gute Formulierung wäre etwa: "Vielleicht war es damals der falsche Moment. Wir haben viel gelernt und freuen uns, wenn du es noch einmal probierst."

Diese Haltung erzeugt Verbundenheit. Sie zeigt, dass das Produkt-Team nicht nur verkaufen will, sondern zuhört, reflektiert und die Beziehung zum Nutzer ernst nimmt.

Fallbeispiel: Zurück durch Kontext

Ein digitales Planungs-Tool für Freiberufler hatte hohe Absprungraten nach der ersten Woche. In Nutzerinterviews wurde deutlich: Die Grundidee überzeugte, aber die Vielzahl an Optionen überforderte. Das Team entwickelte ein Re-Onboarding-Flow, der gezielt auf dieses Feedback einging:

- Vereinfachte Ansicht beim Wiedereinstieg

- Option: "Geführt starten oder selbst entdecken"

- Erinnerungsfunktion: "Du hattest damals zwei Projekte begonnen"

- Feedback-Elemente: "Diese Woche sind 340 Nutzer zurückgekehrt"

Ergebnis: Deutlich höhere Reaktivierungsquote, stärkere Nutzungstiefe, positives Feedback zur neuen Einstiegserfahrung.

Die zweite Chance bewusst gestalten

Re-Onboarding ist keine Reparatur, sondern eine neue Beziehungschance. Sie wirkt, wenn sie aufrichtig, kontextbezogen und psychologisch fundiert gestaltet ist. Nicht durch Druck, sondern durch Relevanz. Nicht durch Wiederholung, sondern durch Anschluss. Und nicht durch Features, sondern durch Haltung.

Wo permanente Ablenkung herrscht, braucht es Orte, zu denen man gerne zurückkehrt. Re-Onboarding ist der erste Schritt, diesen Ort wieder vertraut zu machen. Und manchmal ist das der Moment, in dem ein Nutzer zum echten Fan wird.

50 Emotionale Erschöpfung durch Produktnutzung: Die Schattenseite digitaler Tools

Produktivität hat ihren Preis

Digitale Produkte begleiten unseren Alltag inzwischen so engmaschig, dass sie für viele Nutzer nicht mehr wegzudenken sind. Kalender-Apps, Collaboration-Tools, Task-Manager, Messenger, Dashboards: Sie alle versprechen mehr Effizienz, Struktur und Kontrolle und leisten genau das. Doch unterhalb der sichtbaren Funktionalität breitet sich ein paradoxes Gefühl aus: Je besser das Tool funktioniert, desto mehr verlangt es von uns. Die eigentliche Produktivität, die es uns erleichtern soll, verwandelt sich in eine ständige Verpflichtung zur Nutzung.

Diese Form von emotionaler Erschöpfung ist schwer messbar, aber klar spürbar. Nutzer berichten von einem diffusen Druck, einem ständigen Gefühl, "nicht hinterherzukommen", obwohl ihnen das Tool helfen soll. Das Problem liegt nicht in der Funktion, sondern im psychologischen Zustand, den die Nutzung erzeugt. Und wer diesen Aspekt nicht mitdenkt, riskiert, dass Nutzer nicht wegen mangelnder Leistung abspringen, sondern wegen mentaler Überforderung.

Die stille Müdigkeit: Wie Tools auslaugen können

Emotionale Erschöpfung entsteht selten schlagartig. Vielmehr summieren sich kleine Momente der Friktion, Unsicherheit oder des latenten Drucks zu einem Gesamtzustand. Jedes To-do, das sichtbar bleibt, ist ein leiser Mahner. Jede Push-Nachricht, die Aufmerksamkeit verlangt, unterbricht den inneren Fokus. Jede offene Entscheidung, die ein Interface verlangt, erzeugt kognitive Belastung.

Dabei sind es nicht nur komplexe Tools, die ermüdend wirken. Auch schlanke, funktional reduzierte Anwendungen können emotional erschöpfen, wenn sie psychologisch falsch gestaltet sind. Besonders tückisch wird es, wenn Nutzer sich durch das Tool *beobachtet* oder *getrieben* fühlen. Das Gefühl, nicht Herr des Systems zu sein, sondern von ihm kontrolliert zu werden, verwandelt Nutzung in Anstrengung.

Ein weiteres Element ist die Überidentifikation mit dem Ziel der Effizienz. Viele Tools sprechen Nutzer nicht nur funktional, sondern normativ an: "Werde besser", "Nutze deine Zeit smarter", "Erreiche mehr". Diese Botschaften können motivieren, aber sie können auch Druck aufbauen. Wer ständig daran erinnert wird, was er noch nicht erledigt hat, verliert irgendwann die Lust und damit die Bindung zum Produkt.

Digitale Müdigkeit als Designfrage

Die gute Nachricht: Emotionale Erschöpfung ist kein unvermeidlicher Preis digitaler Nutzung. Sie ist das Resultat bestimmter Designentscheidungen und damit auch gestaltbar. Wer Produkte baut, die nicht nur funktional, sondern auch psychologisch entlastend wirken, schafft langfristig mehr Wirkung und Loyalität.

Dazu braucht es ein neues Designparadigma: *regeneratives Produktdesign*. Es stellt nicht nur die Frage "Wie wird der Nutzer effizienter?", sondern auch: "Wie bleibt er bei Energie? Wie fühlt er sich nach der Nutzung, erleichtert oder erschöpft?"

Prinzipien psychologischer Entlastung

Ein zentrales Prinzip ist die Reduktion kognitiver Last. Tools sollten Klarheit schaffen, nicht Komplexität verpacken. Das beginnt bei Sprache, Struktur und Abläufen, und reicht bis zur gezielten Gestaltung von Pausen. Ein gutes Produkt signalisiert: Du darfst aufhören. Du darfst reflektieren. Du darfst auch mal *nicht* reagieren.

Besonders hilfreich sind Funktionen, die mentale Ordnung erzeugen: Zusammenfassungen statt Listen, Wochenüberblicke statt ständiger Aufgabenpräsentation, Fortschrittsanzeigen statt bloßer Reminder. Sie schaffen das Gefühl: "Ich bin auf einem guten Weg" statt "Ich hänge hinterher".

Auch die Tonalität spielt eine Rolle. Ein Interface, das lobt, motiviert und Pausen erlaubt, wirkt anders als eines, das mahnt, erinnert und fordert. Sprache ist ein emotionaler Verstärker und wer sie klug einsetzt, kann Erschöpfung vorbeugen, bevor sie entsteht.

Regeneration als Feature denken

Ein starkes Konzept im regenerativen Design ist die bewusste Integration von *Nicht-Nutzung*. Tools dürfen Signale senden, dass Abwesenheit okay ist. Eine Notiz wie "Willkommen zurück! Wir haben alles für dich bereitgestellt." ist entlastender als ein Log der verpassten Aufgaben.

Zudem können kleine Erfolge emotional entlastend wirken. Das bewusste Feiern von Fortschritt – nicht durch Gamification, sondern durch empathische Kommunikation – stärkt die Verbindung zum Produkt. Wenn Nutzer sich nach einer Session besser fühlen als zuvor, entsteht eine andere Bindung als bei Tools, die nur an Aufgaben erinnern.

Ein Praxisbeispiel: Von To-do zu "Gut gemacht"

Ein Tool zur Aufgabenorganisation wurde nach großem Launch schnell zur Belastung für seine Nutzer. Die Oberfläche zeigte ständig an, was noch offen war. Der Startbildschirm war eine Art Mahnwesen: "Heute noch offen: 7 Aufgaben." Auch die Reminder funktionierten gut, zu gut. Die Nutzer wurden ständig erinnert, gedrängt, angetrieben.

Nach einer qualitativen Analyse wurde das Design grundlegend überarbeitet. Der neue Fokus: *mentale Entlastung*. Statt "offene Aufgaben" zeigte die App nun auch "erreichte Fortschritte". Der Einstieg erfolgte über einen kurzen Wochenrückblick. Die Sprache wurde empathischer: "Du hast schon viel geschafft, was ist heute noch wichtig?"

Die Wirkung war deutlich messbar: Weniger Abbrüche, höhere Nutzungslust, mehr Empfehlungen. Nicht, weil das Produkt mehr konnte, sondern weil es besser *tat*, was es konnte: entlasten.

Nachhaltige Nutzung braucht mentale Entspannung

Produkte sind nur so gut wie das Gefühl, das sie hinterlassen. Wer Nutzerbindung nicht nur über Features, sondern über emotionale Qualität denkt, schafft nachhaltigere Beziehungen. Emotionale Erschöpfung ist keine unvermeidliche Nebenwirkung digitaler Produktivität. Sie ist ein Signal. Und wer dieses Signal hört, hat die Chance, aus einem Tool ein echtes Wirkungsinstrument zu machen: eines, das nicht nur fordert, sondern auch gibt. Nicht nur erinnert, sondern auch beruhigt. Und nicht nur nutzt, sondern gut tut.

51 Feature-Sunset mit Würde: Psychologie des Abschieds im Produktmanagement

Wenn Loslassen Teil der Strategie wird

Features zu entwickeln und zu launchen ist für Produktteams oft ein freudiges Ereignis. Es steht für Wachstum, Innovation und sichtbaren Fortschritt. Doch irgendwann kommt der Moment, an dem eine Funktion nicht mehr passt: technologisch überholt, strategisch irrelevant, von der Mehrheit der Nutzer kaum noch verwendet. Dann steht der "Feature-Sunset" an – ein Moment, der sich deutlich weniger glanzvoll anfühlt.

Hier beginnt die eigentliche Herausforderung. Denn das Entfernen eines Features betrifft nicht nur technische Systeme oder Business-Logik. Es greift in psychologische Realitäten ein, auf Seiten der Nutzer ebenso wie im Produktteam. Ein geliebtes oder vertrautes Feature einfach abzuschalten, ohne diesen emotionalen Kontext zu berücksichtigen, erzeugt Widerstand, Enttäuschung und Vertrauensverlust. Der Unterschied zwischen einem Frustmoment und einem respektvollen Wandel liegt in der Art, wie dieser Abschied gestaltet wird.

Warum Abschiede so schwer sind – auf beiden Seiten

Der Abschied von Features ist nicht nur ein rationaler Prozess. Auf Nutzerebene führt die Entfernung vertrauter Funktionen häufig zu einem Verlustgefühl. Nutzer haben sich Abläufe geschaffen, Automatismen entwickelt, die auf bestimmten Features beruhen. Entfällt diese Grundlage, bedeutet das nicht nur mehr Aufwand, sondern auch Unsicherheit. Die kognitive Landkarte, die Sicherheit und Effizienz im Umgang mit dem Produkt ermöglicht hat, wird erschüttert.

Auch für Teams ist das „Sunsetten" von Features emotional belastet. Es bedeutet, Ressourcen zu entwerten, die einst als Fortschritt gefeiert wurden. Es kann sich anfühlen wie ein Eingeständnis von Fehlern oder gescheiterten Investitionen.

Die eigentliche psychologische Aufgabe besteht daher darin, den Abschied nicht als Verlust, sondern als Reifemoment zu inszenieren, für das Produkt und für die Nutzerbeziehung.

Die Phasen eines gelungenen Feature-Abschieds

Frühzeitige Signalisierung: Nutzer brauchen Zeit, um sich auf Veränderungen einzustellen. Ein gelungener Sunset beginnt Wochen oder Monate vor der Deaktivierung. Durch In-App-Ankündigungen, gezielte E-Mails oder Banner können Nutzer frühzeitig informiert werden. Diese Vorwarnung sollte nicht nur Termine liefern („Am 30.9. entfällt Feature X"), sondern Kontext: Warum dieser Schritt notwendig ist und welche Vorteile er langfristig bringt.

Transparente Begründung: Veränderungen werden besser akzeptiert, wenn Nutzer die Beweggründe nachvollziehen können. Ist es technische Wartbarkeit? Strategische Klarheit? Niedrige Nutzung? Transparenz schafft Verständnis und damit Akzeptanz.

Emotionale Validierung: Es hilft enorm, die emotionale Bindung an ein Feature anzuerkennen. Eine kurze Nachricht wie „Wir wissen, dass Feature X für viele ein wichtiger Teil ihres Workflows war" signalisiert Wertschätzung und Respekt. Es zeigt: Wir nehmen eure Nutzung ernst.

Alternativen anbieten: Ein Sunset muss nicht bedeuten, dass Nutzer allein gelassen werden. Wo immer möglich, sollten Alternativen aufgezeigt werden: ähnliche Funktionen, Workarounds, externe Tools oder neue Ansätze innerhalb des Produkts. Das verringert das Gefühl von Kontrollverlust.

Zeit für Umstellung lassen: Eine Sunset-Phase sollte realistische Zeiträume einräumen. Nutzer müssen nicht nur neu lernen, sondern oft auch Prozesse intern anpassen. Klare, früh kommunizierte Deadlines helfen, den Wechsel gut zu bewältigen.

Abschied als Teil der Produktreife: Psychologisches Reframing

Wenn Produkte wachsen, müssen sie sich wandeln. Ein bewusst gestalteter Sunset kann deshalb ein starkes Signal für strategische Reife sein. Die zentrale Botschaft lautet: Wir schaffen Raum für Neues. Wir entrümpeln nicht willkürlich, sondern bewusst, um besser zu werden.

Dieses Reframing – vom Verlust zur Reifung – muss aktiv gestaltet werden. In Blogposts, Release Notes und direkter Nutzerkommunikation kann erklärt werden, wie der Sunset in die übergeordnete Vision passt. Aussagen wie „Wir fokussieren uns auf das, was euch wirklich hilft" machen deutlich, dass die Entscheidung für den Nutzer getroffen wurde, nicht gegen ihn.

Fallbeispiel: Ein Feature geht – Vertrauen bleibt

Ein beliebtes Projektmanagement-Tool sah sich gezwungen, eine spezielle Timeline-Visualisierung abzuschalten. Das Feature wurde nur von einer kleinen, aber lautstarken Nutzergruppe intensiv genutzt. Technisch war es schwer wartbar geworden, strategisch passte es nicht mehr.

Das Team entschied sich für einen bewussten Sunset-Ansatz:

- *Frühzeitige Ankündigung:* Drei Monate im Voraus mit klarer Erläuterung.

- *Blogartikel:* Transparente Darstellung der Gründe, inklusive einer Danksagung an die treuen Nutzer des Features.

- *Support-Angebot:* Persönliche Hilfestellung für betroffene Nutzergruppen beim Umstieg.

- *Emotionale Sprache:* „Wir nehmen Abschied von einer liebgewonnenen Funktion und öffnen damit Raum für neue Stärken."

Das Ergebnis überraschte: Weniger als 2% der betroffenen Nutzer beschwerten sich. Viele bedankten sich für die offene Kommunikation. Der Net Promoter Score stieg über die nächsten Monate leicht an.

Ein starker Abschied stärkt die Beziehung

Features loszulassen ist emotional schwer, für Teams und für Nutzer. Doch gerade diese Schwierigkeit macht bewusst gestaltete Sunsets so wertvoll. Wer Nutzern Zeit, Respekt und Alternativen anbietet, stärkt nicht nur das Vertrauen, sondern auch die strategische Klarheit des Produkts.

Am Ende ist der Sunset keine Niederlage. Er ist ein Reifetest: Wie gut können wir Wandel gestalten, ohne Beziehung zu verlieren? Die Antwort darauf entscheidet, ob Produkte nicht nur überleben, sondern wachsen.

52 Produktpflege als Beziehungsarbeit – Zwischen Stabilität, Erwartung und Überraschung

Beziehungspflege im digitalen Raum

Digitale Produkte sind keine starren Gebilde. Sie leben, wachsen, entwickeln sich oder sie veralten und werden vergessen. Ihre Vitalität entsteht aus der Art und Weise, wie sie gepflegt werden. Gute Produktpflege gleicht deshalb weniger einer Wartungsaufgabe als einer Beziehungsarbeit. Sie verlangt Aufmerksamkeit, Feingefühl und das Verständnis, dass Nutzer keine reinen Konsumenten sind, sondern Beziehungspartner.

Ein Produkt zu pflegen bedeutet, ein psychologisches Versprechen einzuhalten: das Versprechen von Stabilität und Verlässlichkeit. Gleichzeitig erfordert Pflege, immer wieder kleine Impulse zu setzen, um Lebendigkeit zu erhalten. Diese Balance zwischen Kontinuität und Weiterentwicklung ist eine feine Kunst. Wer sie beherrscht, schafft Produkte, die über Jahre hinweg relevant bleiben, nicht trotz, sondern wegen ihrer klugen Pflege.

Die Psychologie der Beständigkeit

Stabilität ist für Nutzer weit mehr als technische Zuverlässigkeit. Es geht um die emotionale Sicherheit, die aus vertrauten Erfahrungen erwächst. Ein Produkt, das sich stabil anfühlt, vermittelt: "Du kannst dich auf uns verlassen." Diese Erfahrung wird durch viele kleine Details geformt, durch konsistente Begriffe, wiedererkennbare Designsprache und vertraute Interaktionsmuster.

Veränderungen, selbst kleine, können diese psychologische Stabilität stören. Ein neu platzierter Button, eine plötzlich andere Farbwelt oder geänderte Begrifflichkeiten, all das irritiert, oft unbewusst. Deshalb muss jede Anpassung behutsam eingebettet sein. Der Nutzer sollte das Gefühl behalten: "Ich weiß, wo ich bin. Ich weiß, was passiert."

Stabilität bedeutet also nicht Stillstand, sondern eine bewusste Pflege der Vertrautheit. Ein Produkt, das seine grundlegende psychologische Struktur bewahrt, stiftet Vertrauen, selbst wenn es sich weiterentwickelt.

Erwartung und Überraschung ausbalancieren

Doch reine Stabilität genügt nicht. Menschen brauchen nicht nur Sicherheit, sondern auch Impulse. Ein Produkt, das sich über Jahre hinweg nicht verändert, verliert an emotionaler Spannung. Es wird zu einem Werkzeug unter vielen, nicht zu einem Teil des Alltagslebens.

Deshalb braucht kluge Produktpflege immer auch Momente der Überraschung. Kleine, wohldosierte Irritationen, die Freude auslösen, Neugier wecken oder neue Möglichkeiten eröffnen. Diese Impulse dürfen jedoch nie willkürlich wirken. Sie müssen eingebettet sein in die bestehende Logik des Produkts, damit der Nutzer sie als Erweiterung, nicht als Bruch, erlebt.

Micro-Delights, saisonale Themen, personalisierte Hinweise – all diese Elemente können das Erleben eines Produkts auffrischen, ohne seine Stabilität zu gefährden. Es ist die Kunst, gleichzeitig vertraut und überraschend zu bleiben, ein psychologisches Gleichgewicht, das Bindung vertieft.

Produktpflege als Beziehungspflege

Die Phasen zwischen großen Releases sind keineswegs Leerlaufzeiten. In ihnen entscheidet sich, ob ein Produkt Teil der Lebenswelt seiner Nutzer bleibt. Gerade in dieser "stillen Phase" wird Beziehung gebaut oder verloren.

Produktpflege bedeutet hier: aufmerksam bleiben. Nutzer zuhören, auch wenn sie nicht laut werden. Kleine Irritationen ernst nehmen. Trends im Verhalten erkennen, bevor sie zu Problemen werden. Es bedeutet, präsent zu bleiben, ohne sich aufzudrängen.

Dazu gehört auch, kommunikative Signale zu setzen. Ein einfaches "Wir arbeiten kontinuierlich daran, Ihr Erlebnis noch besser zu machen" kann Wunder wirken.

Nutzer müssen spüren: Das Produkt ist nicht vergessen. Es entwickelt sich weiter, auch wenn sie es nicht ständig sehen.

Langfristige Orientierung ist dabei entscheidend. Auch wenn nicht jede Roadmap offengelegt wird, sollte eine Haltung sichtbar sein: Wofür steht dieses Produkt? Wohin geht die Reise? Wer hier glaubhaft bleibt, stärkt die emotionale Verankerung und macht Nutzer zu Wegbegleitern, nicht nur zu Anwendern.

Der gezielte Impuls: Pflege als Wachstumsstrategie

Ein eindrucksvolles Beispiel für strategische Pflege lieferte ein Tool für Teamorganisation, das nach zwei Jahren eine stagnierende Nutzerbasis verzeichnete. Technisch war alles solide, aber die emotionale Spannung hatte nachgelassen. Keine Beschwerden, aber auch keine Begeisterung.

Statt hektisch neue Features zu bauen, setzte das Team auf bewusste Pflege. Monatlich wurden kleine Verbesserungen kommuniziert, bessere Shortcuts, optimierte Ladezeiten, persönliche Tipps zur Nutzung. Eine "Wussten Sie schon?"-Serie reaktivierte seltener genutzte Funktionen. Und durch ein neues Feedbackformat wurden Nutzer eingeladen, Ideen für Weiterentwicklungen einzubringen, nicht nur Probleme zu melden.

Das Ergebnis war deutlich: Die Nutzungstiefe stieg, die Weiterempfehlungsrate verbesserte sich spürbar, und selbst zuvor passive Nutzer fanden zurück. Nicht wegen großer Innovationen, sondern wegen kluger, empathischer Pflege.

Pflege ist psychologische Präsenz

Produktpflege ist weit mehr als Wartung. Sie ist aktive Beziehungsgestaltung. Sie bedeutet, Vertrautheit zu bewahren und zugleich Lebendigkeit zu ermöglichen. Sie bedeutet, Nutzer nicht nur technisch zu bedienen, sondern emotional zu begleiten.

Ein Produkt, das gepflegt wird, ohne sich zu verlieren; das überrascht, ohne zu überfordern; das zuhört, ohne sich aufzudrängen. Ein solches Produkt wird nicht nur genutzt. Es wird gemocht, empfohlen, behalten.

Wer Pflege als Beziehungsarbeit versteht, baut nicht nur stabilere Produkte. Er baut Verbindungen. Und genau diese Verbindungen sind es, die ein Produkt wirklich über Jahre hinweg lebendig halten.

53 Psychologie trifft Plattformlogik: Wenn Produkte ganze Märkte strukturieren

Plattformen sind nicht neutral

Digitale Plattformen sind weit mehr als neutrale Werkzeuge oder Interfaces. Sie sind eigene Ökosysteme, die Verhaltensweisen, Erwartungen und Entscheidungen tiefgreifend prägen. Wer heute ein Produkt auf einer Plattform nutzt, bewegt sich in einem Rahmen, der weitgehend unsichtbar strukturiert ist: Rankings, Bewertungen, Empfehlungsmechanismen und Sichtbarkeitsregeln bestimmen, was gesehen, gekauft oder ignoriert wird. Diese Dynamik wirkt nicht nur auf individueller Ebene, sie strukturiert ganze Märkte. Plattformen schreiben unmerklich die Spielregeln für Erfolg und Misserfolg.

Diese Macht entsteht nicht zufällig. Sie basiert auf psychologischen Prinzipien wie Vertrautheit, Ankereffekten und sozialer Bewährung. Genau deshalb ist die Gestaltung von Plattformlogiken eine hochwirksame, aber auch hochverantwortliche Aufgabe. Produkte, die sich innerhalb dieser Systeme bewegen, müssen verstehen: Sie interagieren nicht nur mit Nutzern, sie agieren innerhalb einer psychologisch aufgeladenen Umwelt.

Gatekeeping: Unsichtbare Tore, sichtbare Macht

Eine zentrale Funktion von Plattformen ist Gatekeeping: Sie legen fest, wer teilnehmen darf, was sichtbar wird und wie Wertigkeit vermittelt wird. Dabei wirken Plattformen oft wie moderne Autoritäten. Nutzer nehmen Rankings und Empfehlungen nicht als technische Algorithmen wahr, sondern als Qualitätsurteile. "Was oben steht, muss besser sein." Dieser Gedanke ist intuitiv und tief verankert.

Für Anbieter bedeutet das: Sie konkurrieren nicht mehr nur über ihre Produkte, sondern über ihre Position innerhalb der Plattformregeln. Wer einmal sichtbar ist, bleibt sichtbar: ein psychologischer Verstärkerkreis, der neuen Anbietern den Einstieg erschwert. Dadurch werden bestehende Ungleichheiten zementiert, unabhängig von objektiver Produktqualität.

Für Produktstrategen ergibt sich daraus eine doppelte Herausforderung: Das eigene Produkt muss nicht nur Nutzerbedürfnisse erfüllen, sondern auch im psychologischen Regelwerk der Plattform erfolgreich navigieren. Wer diese Dynamik ignoriert, riskiert Unsichtbarkeit, selbst mit hervorragendem Angebot.

Ranking-Systeme: Wahrnehmung formen, Erwartungen steuern

Rankings sind mehr als technische Listen. Sie erzeugen Bedeutungsräume. Was weit oben erscheint, wird automatisch als besser, beliebter und vertrauenswürdiger eingeschätzt. Diese psychologische Verzerrung – der sogenannte Primacy Bias – beeinflusst Klickraten, Entscheidungsprozesse und letztlich Markterfolge.

Dabei ist Nutzern oft nicht bewusst, wie Rankings zustande kommen. Algorithmen bleiben unsichtbar. Das führt dazu, dass Plattformen de facto Standards setzen, ohne explizite Legitimation. Anbieter wiederum verlagern ihre Energie häufig darauf, den Algorithmus zu bedienen, statt echte Nutzerbedürfnisse in den Mittelpunkt zu stellen. Ein Teufelskreis aus Optimierung für die Plattform statt für den Menschen entsteht.

Gerade deshalb ist es entscheidend, Rankings nicht als Selbstzweck zu sehen. Erfolg auf Plattformen entsteht nicht allein durch bessere Positionierung, sondern durch kluges Framing: Wie wird das eigene Angebot innerhalb der Plattform wahrgenommen? Welche Geschichte erzählt es? Welche Erwartungen weckt es?

Plattformen als psychologische Ökosysteme

Mit zunehmender Komplexität werden Plattformen zu kulturellen Räumen, die eigene soziale Normen hervorbringen. Nutzer lernen implizit, "wie es hier läuft": Was gute Produkte ausmacht, wie Bewertungen zu lesen sind, welche Angebote als vertrauenswürdig gelten. Diese kulturellen Muster beeinflussen nicht nur Verhalten, sondern auch Produktentwicklung.

Anbieter passen sich an. Kategorien, Pricing-Modelle, Kommunikationsstile, vieles wird von der Plattformästhetik geprägt. Das schafft Anschlussfähigkeit, birgt aber auch die Gefahr von Beliebigkeit. Wer sich zu sehr anpasst, verliert sein Profil. Wer sich zu wenig anpasst, wird ausgegrenzt.

Die Kunst besteht darin, bewusst zu navigieren: Plattformnormen zu verstehen und gezielt zu bedienen, ohne die eigene Identität aufzugeben. Erfolgreiche Plattformprodukte integrieren sich in die bestehende Ökologie und differenzieren sich gleichzeitig emotional, sprachlich oder konzeptionell.

Psychologische Hebel für Plattformerfolg

Plattformprodukte, die nachhaltig wirken, nutzen psychologische Prinzipien strategisch und verantwortungsvoll. Anschlussfähigkeit ist der erste Schritt: Nutzer müssen sich orientieren können. Bekannte Muster in UI, Sprache oder Produktstruktur erleichtern den Einstieg. Gleichzeitig ist emotionale Differenzierung entscheidend: Produkte, die eine eigene Haltung, einen charakteristischen Ton oder ein erkennbares Narrativ bieten, erzeugen Bindung, jenseits von Sternebewertungen.

Ein weiterer Hebel liegt im aktiven Vertrauensaufbau. Plattformen bieten Rahmenvertrauen (z.B. durch Reviews oder Garantien), aber echte Loyalität entsteht durch erlebte Authentizität. Sympathische Kommunikation, klare Prozesse und echte Nutzerzentrierung schaffen emotionale Ankerpunkte.

Schließlich geht es um Micro-Framing: die gezielte Gestaltung kleiner Kontexte, die Wahrnehmung steuern. Ob ein Produkt als "smarte Alternative" oder als "beste Wahl für Kreative" wahrgenommen wird, entscheidet sich nicht nur über Ranking oder Preis, sondern über Sprache, Bildwelt, Storytelling.

Praxisbeispiel: Erfolg durch psychologische Neupositionierung

Ein Anbieter von digitalen Sprachkursen auf einer großen Bildungsplattform kämpfte mit mäßiger Conversion, obwohl Inhalte und Bewertungen gut waren. Eine psychologische Analyse zeigte: Die Kursbeschreibung wirkte technisch und unpersönlich, Nutzer fühlten sich nicht abgeholt.

Das Team setzte gezielt auf Reframing: Statt über Methoden wurde über Ziele kommuniziert („Fühle dich sicher im Gespräch" statt „Lerne 1000 Vokabeln"). Statt Features wurden Transformationen betont. Statt generischer Testimonials gab es persönliche Geschichten.

Das Ergebnis:

- +52% höhere Conversion-Rate

- +29% längere Verweildauer

- +23% höhere Wiederkaufquote

Der Erfolg kam nicht über aggressivere Sichtbarkeit, sondern über psychologisch klügere Resonanz.

Plattformpsychologie bewusst gestalten

Wer Produkte auf Plattformen anbietet, gestaltet mehr als Features oder Interfaces. Er bewegt sich in psychologisch hochwirksamen Systemen, die Verhalten strukturieren und Wahrnehmung formen. Plattformen sind keine neutralen Marktplätze, sie sind ökonomisch-psychologische Ökosysteme.

Der Weg zum Erfolg liegt nicht nur in technischer Exzellenz oder SEO-Optimierung. Er liegt im Verständnis der unsichtbaren Dynamiken und im bewussten, verantwortungsvollen Umgang damit. Wer diese Psychologie versteht und klug nutzt, schafft Produkte, die nicht nur sichtbar sind, sondern bedeutsam.

54 Die neue Rolle des Produktmanager: Psychologisch denkende Strategen statt Feature-Manager

Vom Feature-Delivery zur Wirkungsgestaltung

Digitalen Produkte befinden sich grundlegend im Wandel. Was einst als Disziplin der Feature-Verwaltung begann, ist heute zu einer komplexen Balance aus Psychologie, Strategie und systemischem Denken geworden. Produktverantwortliche stehen nicht mehr nur zwischen Entwicklung und Vertrieb, sie sind Architekten von Erleben, Gestalter von Erwartungen, Navigatoren psychologischer Wirkmechanismen. Der "Produktmanager" alter Schule, der Anforderungen verwaltet und Backlogs priorisiert, ist ein Auslaufmodell. An seine Stelle tritt der psychologisch denkende Produktstratege.

Wer diese neue Rolle einnehmen will, muss sich von traditionellen Mustern verabschieden. Nicht mehr nur Lieferant von Anforderungen, sondern Sinnstifter im Spannungsfeld von Nutzerbedürfnissen, Marktanforderungen und technologischen Möglichkeiten. Nicht mehr nur Projektmanager, sondern aktiver Architekt von Resonanzräumen.

Die alte Rolle: Manager von Prioritäten

In der klassischen Vorstellung bestand die Aufgabe eines Produktmanagers darin, Anforderungen aus verschiedenen Quellen zu sammeln, diese zu strukturieren und durch das Entwicklungsteam umsetzen zu lassen. Die Erfolgsmetriken waren klar: Geschwindigkeit hochhalten, Releases pünktlich liefern, Stakeholder zufriedenstellen. Psychologie? Eher ein Randthema. Nutzerverhalten? Sache von UX und Marketing.

Dieses Rollenverständnis funktionierte eine Zeitlang gut, weil Produkte in erster Linie technische Lösungen waren. Doch die Welt hat sich verändert. Digitale Produkte sind heute Erlebnisräume, emotionale Begleiter, Entscheidungssysteme. Sie wirken psychologisch, ob gewollt oder nicht. Ein Feature, das technisch korrekt funktioniert, aber Nutzer überfordert, verliert trotzdem. Eine Roadmap, die alle Stakeholder-Wünsche erfüllt, aber den Nutzer kalt lässt, schadet letztlich dem Unternehmen.

Die alte Rolle, die sich auf Output statt auf Outcome konzentrierte, greift nicht mehr. Gefordert ist ein tiefgreifender Wandel im Selbstverständnis.

Die neue Rolle: Psychologisch fundierte Wirkungsgestaltung

Produktmanager der Zukunft sind keine reinen Vermittler mehr. Sie sind Sinn-stifter, Wirkungsgestalter, Resonanzarchitekten. Ihre Arbeit beginnt nicht mit der Anforderung und endet nicht mit dem Release. Sie beginnt mit dem Verständnis der psychologischen Realität der Nutzer und endet mit der Frage: "Welche Wir-kung erzielen wir wirklich?"

Das neue Rollenbild fußt auf vier zentralen Säulen:

Psychologisches Verständnis für Nutzerverhalten: Wer gute Produkte gestalten will, muss tief verstehen, wie Menschen denken, fühlen und handeln. Es geht nicht nur darum, welche Buttons geklickt werden, sondern warum sie überhaupt gesucht, gefunden oder gemieden werden. Emotion, Motivation, Frustration, all das muss ins Produktdenken einfließen.

Strategisches Denken jenseits von Features: Nicht die nächste Funktion bringt den Durchbruch, sondern die nächste Erfahrung. Erfolgreiche Produktmanager denken in Erlebnissen, nicht in Backlog-Einträgen. Sie fragen nach dem psycho-logischen Effekt einer Entscheidung, nicht nur nach der technischen Machbarkeit.

Systemisches Bewusstsein: Produkte wirken nicht isoliert. Ladezeiten beeinflus-sen Nutzungsmotivation, Support-Erfahrungen wirken auf Weiterempfehlungen, Preisgestaltung prägt das Vertrauen. Der neue Produktmanager denkt in Wech-selwirkungen und erkennt Muster, bevor sie eskalieren.

Ethik und Verantwortung: Mit großer Gestaltungskraft kommt große Verantwor-tung. Wer Nutzerverhalten beeinflusst, muss sich fragen: Diene ich echten Be-dürfnissen oder optimiere ich nur KPIs? Gute Produktarbeit erfordert Haltung.

Neue Skills, neue Sprache, neue Wirkung

Mit dem neuen Rollenverständnis ändert sich auch die Sprache der Produktarbeit. Begriffe wie "Requirements" oder "Features" treten zurück. Stattdessen sprechen moderne Produktmanager über "Emotionale Hürden", "Selbstwirksamkeit", "Friktion" und "Vertrauen".

Neue Kernfähigkeiten entstehen:

Emotionale Analytik: Gute Produktmanager fragen nicht nur, was funktioniert, sondern welche Emotionen erzeugt werden. Wo entsteht Freude? Wo Überforderung? Wo stille Frustration?

Narratives Denken: Produkte erzählen Geschichten, über sich selbst, über ihre Nutzer, über die Welt. Wer diese Narrative aktiv gestaltet, beeinflusst, wie Produkte erlebt und erinnert werden.

Motivationale Architektur: Nutzung soll sich nicht nach Arbeit anfühlen. Wo entsteht Flow? Wo Stolz? Wo Entlastung? Gute Produkte bauen Motivationsräume, bewusst und gezielt.

Verantwortungsvolle Steuerung: Nicht alles, was möglich ist, sollte getan werden. Die Frage "Was lassen wir bewusst weg?" wird zur Kernfrage verantwortungsvoller Produktarbeit.

Ein Praxisbeispiel: Rollenwechsel mit Wirkung

Ein mittelständisches SaaS-Unternehmen stand vor einer strategischen Neuausrichtung. Bisher war Produktmanagement klassisch organisiert: Anforderungen sammeln, Backlogs pflegen, Releases steuern. Doch die Nutzerbindung stagnierte, und neue Features zündeten kaum.

Nach einem Impuls-Workshop zur "neuen Produktrolle" begann ein Pilotprojekt:

- Nutzerinterviews wurden auf emotionale Hindernisse ausgerichtet

- Roadmap-Planungen begannen mit der Frage: "Welche Gefühle wollen wir erzeugen?"

- KPI-Dashboards berücksichtigten psychologische Wirkfaktoren wie Vertrauen und Flow

Nach sechs Monaten zeigten sich klare Erfolge: Weniger Features wurden entwickelt, dafür mit deutlich höherer Nutzungstiefe. Onboarding und Nutzerzufriedenheit stiegen messbar. Und intern veränderte sich die Wahrnehmung: Produktmanagement war nicht mehr operative Abwicklung, sondern strategischer Impulsgeber.

Der neue Produktmanager denkt tiefer

Produktarbeit ist heute weit mehr als Methodik und Delivery. Sie ist ein Spiegel gesellschaftlicher Dynamiken, psychologischer Realitäten und systemischer Wechselwirkungen. Wer diese Komplexität gestalten will, braucht mehr als Priorisierungsskills oder Jira-Kenntnisse. Er braucht psychologisches Feingefühl, strategische Weitsicht und ethisches Bewusstsein.

Der neue Produktmanager ist kein Feature-Manager mehr. Er ist ein Navigator zwischen Märkten, Menschen und Möglichkeiten. Ein Impulsgeber, der nicht nur fragt, was möglich ist, sondern was sinnvoll ist. Und damit wird er zur entscheidenden Figur für Produkte, die nicht nur funktionieren, sondern wirklich wirken.

55 Ethik in der Verhaltensgestaltung – Macht und Verantwortung im Produktdesign

Gestaltung heißt Verantwortung übernehmen

Digitale Produkte greifen tief in das Leben der Menschen ein. Sie helfen uns, zu planen, zu kommunizieren, zu lernen, zu kaufen, zu entscheiden. Und sie tun das oft unbemerkt, leise, durch subtile Mechanismen. Genau deshalb ist psychologisch fundiertes Produktdesign so mächtig. Aber mit dieser Macht kommt Verantwortung. Wer Verhalten gestaltet, gestaltet Realität. Und das bedeutet: Wir stehen nicht nur vor der Frage, *was* wir bauen können, sondern auch, *ob* und *wie* wir es bauen sollten.

Psychologische Prinzipien wie Framing, Priming oder Reaktanz-Reduktion sind keine Spielereien. Sie wirken. Sie können Orientierung schaffen oder Verwirrung. Sie können Selbstwirksamkeit fördern oder Abhängigkeit. In einer Zeit, in der Entscheidungen immer schneller, Interfaces immer flacher und Aufmerksamkeit immer knapper werden, braucht es deshalb eine neue Haltung: Verantwortung beginnt im Design.

Diese Verantwortung betrifft nicht nur den Moment der Entwicklung, sondern reicht weit darüber hinaus. Ein Design, das heute ein gewünschtes Verhalten erzeugt, kann morgen Vertrauen zerstören, weil es manipulativ wirkt. Ein Interface, das heute Engagement steigert, kann morgen Überforderung oder Abhängigkeit befördern. Und genau darum braucht gutes Produktdesign heute nicht nur Kreativität und Strategie, sondern Ethik.

Die stille Macht der Beeinflussung

Das Besondere an digitaler Beeinflussung ist ihre Unsichtbarkeit. Während Werbung früher laut und auffällig war, wirken heutige Produkte oft durch mikrofeine Stellschrauben: ein Button-Label, eine Default-Einstellung, ein Fortschrittsbalken. All diese Details verändern Verhalten, ohne, dass es dem Nutzer bewusst wird. Diese Unsichtbarkeit macht sie wirkungsvoll, aber auch gefährlich.

Denn die Menschen, die diese Produkte nutzen, wissen oft nicht, was auf sie wirkt. Sie merken nur, dass sie länger bleiben als geplant, dass sie auf eine Benachrichtigung reagieren, obwohl sie eigentlich nicht wollten, dass sie sich schuldig fühlen, wenn sie „aussteigen". All das ist kein Zufall, es ist das Ergebnis von Design.

Produktteams wissen oft sehr genau, was sie tun. Sie testen, messen, optimieren. Und genau deshalb trägt niemand mehr Verantwortung als sie. Denn dort, wo Wissen und Wirkung zusammenfallen, beginnt Verantwortung.

Wo die Ethik beginnt: Bewusstseinsbildung

Ethisches Produktdesign beginnt nicht mit Regeln, es beginnt mit Bewusstsein. Die wichtigste Frage lautet: *Was bewirkt dieses Design im Erleben des Nutzers?* Und: *Ist das, was wir bewirken, auch das, was wir verantworten wollen?*

Ein Design kann korrekt sein, und trotzdem falsch. Es kann AGB-konform sein und trotzdem schaden. Es kann Engagement erhöhen und trotzdem gegen den Nutzer arbeiten. Die Entscheidung, ein Feature zu bauen, das Menschen täglich beeinflusst, sollte deshalb nie rein unternehmerisch, sondern auch menschlich reflektiert werden.

Dazu gehört auch die Frage nach den langfristigen Folgen: Was passiert, wenn Menschen unser Produkt regelmäßig nutzen? Fühlen sie sich gestärkt oder erschöpft? Haben sie mehr Klarheit oder mehr Verwirrung? Wächst ihr Vertrauen oder ihr Unbehagen?

Dunkle Muster und ethische Grauzonen

Einige Gestaltungsformen haben sich als besonders problematisch herausgestellt. Sogenannte „Dark Patterns" – bewusst irreführende oder manipulative Designmuster – führen zu Entscheidungen, die der Nutzer später bereut. Beispiele sind versteckte Kündigungswege, voreingestellte Häkchen für Newsletter oder aggressive Countdown-Timer, die Druck erzeugen.

Aber nicht nur offensichtliche Tricks sind problematisch. Auch übermäßige Aktivierung – etwa durch ständig neue Benachrichtigungen, endlose Feeds oder künstlich erzeugte Interaktion – kann langfristig schaden. Nutzer verlieren die Kontrolle über ihre Zeit, über ihr Verhalten, über sich selbst. Und oft geben sie dann dem Produkt die Schuld für dieses Gefühl.

Ethisch fragwürdig ist auch die intransparente Monetarisierung: Wenn Produkte scheinbar kostenlos sind, in Wahrheit aber durch umfangreiche Datennutzung oder algorithmisch gesteuerte Preisgestaltung Einnahmen erzielen, fehlt die Ehrlichkeit. Menschen dürfen wissen, womit ein Produkt Geld verdient und welche Rolle sie dabei spielen.

Ethik operationalisieren: Ein Framework

Ethische Reflexion darf kein Luxus sein. Sie muss fester Bestandteil des Produktprozesses werden. Dafür braucht es praktikable Werkzeuge, zum Beispiel ein Reflexions-Framework, das sich in Sprint-Rituale oder Strategieprozesse integrieren lässt. Vier Leitfragen helfen:

1. Was bewirkt dieses Feature auf emotionaler, kognitiver und sozialer Ebene, kurzfristig und langfristig?

2. Wie würde ein neutraler Beobachter diese Gestaltung beurteilen und was würde ein Nutzer empfinden, der davon betroffen ist?

3. Welche Alternativen haben wir erwogen und warum haben wir uns für diese Variante entschieden?

4. Wie kommunizieren wir diese Entscheidung gegenüber Nutzern: offen, ehrlich und nachvollziehbar?

Wer diese Fragen regelmäßig stellt, schafft nicht nur bessere Produkte, sondern auch ein ethisch reiferes Team. Diskussionen über Verantwortung fördern kritisches Denken, Perspektivwechsel und letztlich auch Innovation. Denn Ethik ist kein Hindernis, sie ist ein Kompass.

Ein Beispiel für gelebte Verantwortung

Ein Medien-Startup verzeichnete hohe Nutzungszeiten, ein scheinbarer Erfolg. Doch aus Interviews wurde klar: Viele Nutzer fühlten sich „ausgelaugt", „überinformiert" oder „süchtig". Das Team entschied sich zu einem Richtungswechsel: weniger Sensations-Headlines, mehr Kontext, bewusste Pausen.

Statt sich über sinkende Nutzungszeiten zu sorgen, fokussierte sich das Produktteam auf Qualitätserleben. Nach 15 Minuten wurde eine Pause empfohlen, kontroverse Themen wurden mit Pro-und-Contra-Darstellung versehen, das Interface wurde ruhiger. Die Folge: Der Net Promoter Score stieg, Weiterempfehlungen nahmen zu, das Vertrauen in die Marke wuchs. Die Botschaft: *Wir respektieren dich.*

Gestaltung mit Gewissen

Wer Produkte baut, gestaltet Welt. Das ist ein großes Privileg und eine große Verantwortung. Psychologische Gestaltungsmittel sind kein Spielzeug. Sie können stärken oder schwächen. Erklären oder manipulieren. Inspirieren oder erschöpfen.

Ethisches Design fragt nicht nur, was funktioniert, sondern was richtig ist. Und genau das ist heute der Unterschied zwischen kurzfristigem Gewinn und langfristiger Wirkung. Produkte, die mit Gewissen gebaut sind, erzeugen Vertrauen. Und Vertrauen ist die einzige Währung, die in digitalen Beziehungen wirklich zählt.

Wer sich dieser Verantwortung stellt, braucht keine Perfektion, aber Haltung. Eine Haltung, die sagt: *Wir könnten mehr machen. Aber wir machen nur das, was wir auch vertreten können.* Das ist nicht weniger wirksam, sondern nachhaltiger. Nicht weniger clever, sondern menschlicher.

Und vielleicht ist genau das die Zukunft guter Produktgestaltung: Nicht das Maximum aus Menschen herauszuholen, sondern das Beste für sie zu schaffen.

Literatur

Abraham M.: My Product Management Toolkit – Tools and Techniques to Become an Outstanding Product Manager, CreateSpace Independent Publishing Platform 2018.

Albrecht M.: Ganzheitliche Werbung – Innere und äußere Aspekte Ihres Geschäftserfolgs, Spurbuchverlag 2013.

Ariely D.: Denken hilft zwar, nützt aber nichts – Warum wir immer wieder unvernünftige Entscheidungen treffen, Droemer Verlag 2008.

Ariely D.: Wer denken will, muss fühlen, Knaur Verlag 2012.

Ariely D.: Die halbe Wahrheit ist die beste Lüge – Wie wir andere täuschen – und uns selbst am meisten, Droemer Verlag 2012.

Aronson E., Wilson Timothy D., Sommers S.: Sozialpsychologie, 10. Auflage, Pearson Verlag 2023.

Baecker D.: Organisation als System, Suhrkamp Verlag 1999.

Baecker D.: Organisation und Management, Suhrkamp Verlag 2003.

Baecker D.: Nie wieder Vernunft – Kleine Beiträge zur Sozialkunde, Carl-Auer Verlag 2008.

Baecker D.: Organisation und Störung, Suhrkamp Verlag 2011.

Baecker D.: Neurosoziologie. Ein Versuch, Suhrkamp Verlag 2014.

Baecker D.: 4.0 oder die Lücke, die der Rechner lässt, Merve Verlag 2018.

Bandler R.; Grinder J.: Metasprache und Psychotherapie – Die Struktur der Magie I, Junfermann Verlag 2005.

Bateson G.: Ökologie des Geistes – Anthropologische, psychologische, biologische und epistemologische Perspektiven, Suhrkamp Verlag 1985.

Behavioral Research Group: BIAS – Encyclopedia of Biases and Heuristics, Behavioral Research Group 2020.

Beinke C., Steller P.: Future Organization Playbook – Die unverzichtbare Anleitung für innovative Unternehmen in der Transformation, 2. Auflage, Murmann Verlag 2023.

Berger W.: Die Kunst des klugen Fragens, Piper Verlag 2017.

Blank S., Dorf B.: Das Handbuch für Startups: Schritt für Schritt zum erfolgreichen Unternehmen, O'Reilly 2014.

Cagan M.: Inspiriert – Wie Sie Tech-Produkte entwickeln, die Ihre Kunden lieben werden, WILEY-VCH Verlag 2020.

Catmull E.: Die Kreativitäts-AG – Wie man die unsichtbaren Kräfte überwindet, die echter Inspiration im Wege stehen, Hanser Verlag 2014.

Christensen C.: The Innovators's Dilemma – Warum etablierte Unternehmen den Wettbewerb um bahnbrechende Innovationen verlieren, Verlag Franz Vahlen 2013.

Cialdini, R.: Die Psychologie des Überzeugens – Ein Lehrbuch für alle, die ihren Mitmenschen und sich selbst auf die Schliche kommen wollen, Hans Huber Verlag 2010.

Ciompi L.: Die emotionalen Grundlagen des Denkens – Entwurf einer fraktalen Affektlogik, 3. Auflage, Vandenhoeck & Ruprecht Verlag 2005.

Cooper R.: Top oder Flop in der Produktentwicklung – Erfolgsstrategien: Von der Idee zum Launch, WILEY-VCH Verlag 2002.

Crisand E., Rahn H.: Psychologie der Persönlichkeit, 9. Auflage, Windmühle Verlag 2010.

Csikszentmihalyi M.: Flow und Kreativität – Wie Sie Ihre Grenzen überwinden und das Unmögliche schaffen, Klett-Cotta Verlag 2014.

Davis S., Meyer C.: Das Prinzip Unschärfe – Managen in Echtzeit, Gabler Verlag 1999.

DeMarco T., Lister T.: Wien wartet auf Dich! Der Faktor Mensch im DV-Management, Carl Hanser Verlag 1999.

Dixit A., Nalebuff B.: Spieltheorie für Einsteiger – Strategisches Know-how für Gewinner, Schäffer-Poeschel Verlag 1995.

Dobelli R.: Die Kunst des klaren Denkens – 52 Denkfehler, die Sie besser anderen überlassen, 13. Auflage, dtv Verlag 2015.

Dobelli R.: Die Kunst des klugen Handelns – 52 Irrwege, die Sie besser anderen überlassen, 5. Auflage, dtv Verlag 2015.

Dörner D.: Die Logik des Misslingens – Strategisches Denken in komplexen Situationen, 4. Auflage, Rowohlt Taschenbuch Verlag 2005.

Doerr J.: OKR Objectives & Key Results – Wie Sie Ziele, auf die es wirklich ankommt, entwickeln, messen und umsetzen, Verlag Franz Vahlen 2018.

Drucker P.: Was ist Management – Das Beste aus 50 Jahren, 6. Auflage, Ullstein Verlag 2010.

Dueck G.: Das Neue und seine Feinde – Wie Ideen verhindert werden und wie sie sich trotzdem durchsetzen, Campus Verlag 2013.

Dueck G.: Schwarm dumm – So blöd sind wir nur gemeinsam, Campus Verlag 2015.

Edmondson A.: Die angstfreie Organisation - Wie Sie psychologische Sicherheit am Arbeitsplatz für mehr Entwicklung, Lernen und Innovation schaffen, Vahlen Verlag 2020.

Eyal N.: Hooked – Wie Sie Produkte erschaffen, die süchtig machen, Redline Verlag 2014.

Faltin G: Kopf schlägt Kapital – Die ganz andere Art, ein Unternehmen zu gründen, Hanser Verlag 2008.

Faltin G.: Wir sind das Kapital – Erkenne den Entrepreneur in Dir, Murmann Publishers 2015.

Faschingbauer M.: Effectuation – Wie erfolgreiche Unternehmen denken, entscheiden und handeln, Schäffer-Poeschel Verlag 2013.

Felser G.: Werbe- und Konsumentenpsychologie, 3. Auflage, Springer Verlag 2007.

Fischer R., Ury W., Patton B.: Das Harvard-Konzept – Der Klassiker der Verhandlungstechnik, Campus Verlag 2014.

Fischer-Epe M.: Coaching: Miteinander Ziele erreichen, 7. Auflage, Rowohlt Verlag 2018.

Foegen M., Kaczmarek C.: Organisation in einer digitalen Zeit, wibas 2016.

Foerster H. v.: Wissen und Gewissen – Versuch einer Brücke, Suhrkamp Verlag 1993.

Foerste H. v.: Wahrheit ist die Erfindung eines Lügners – Gespräche für Skeptiker, 7. Auflage, Carl-Auer Verlag 2006.

Foerster H. v., Bröcker M.: Teil der Welt – Fraktale einer Ethik – oder Heinz von Foersters Tanz mit der Welt, 2. Auflage. Carl-Auer Verlag 2007.

Franck G.: Ökonomie der Aufmerksamkeit – Ein Entwurf, Hanser Verlag 1998.

Franz M.-L. v., Henderson J., Jacobi J., Jaffé A.: C.G. Jung – Der Mensch und seine Symbole, 19. Auflage, Patmos Verlag 2015.

Friebe H.: Die Stein Strategie – Von der Kunst nicht zu handeln, Hanser Verlag 2013.

Frey D.: Psychologie der Werte – Von Achtsamkeit bis Zivilcourage – Basiswissen aus Psychologie und Philosopie, Springer Verlag 2016.

Gandolfi A.: Von Menschen und Ameisen – Denken in komplexen Zusammenhängen, Orell Füssli Verlag 2001.

Gatterer H.: Future Room – Entdecken Sie die Zukunft Ihres Unternehmens, Murmann Verlag 2018.

Gassmann O., Frankenberger K., Choudury M.: Geschäftsmodelle entwickeln – 55+ innovative Konzepte mit dem St. Galler Business Model Navigator, Hanser Verlag 2021.

Geffroy E.: Das Ende der Geschäftsmodelle – Neue Strategien für eine disruptive Welt, Redline Verlag 2018.

Gigerenzer G.: Das Einmaleins der Skepsis – Über den richtigen Umgang mit Zahlen und Risiken, 6. Auflage, Berliner Taschenbuchverlag, 2004.

Gigerenzer G.: Bauchentscheidungen – Die Intelligenz des Unbewussten und die Macht der Intuition, 6. Auflage, Goldmann Verlag 2008.

Gigerenzer G.: Risiko – Wie man die richtigen Entscheidungen trifft, 2. Auflage, Bertelsmann Verlag 2013.

Gigerenzer G.: KLICK – Wie wir in einer digitalen Welt die Kontrolle behalten und die richtigen Entscheidungen treffen, Bertelsmann Verlag 2021.

Gladwell M.: Der Tipping Point – Wie kleine Dinge Großes bewirken können, Goldmann Verlag 2000.

Gladwell M.: Blink! - Die Macht des Moments, Piper Verlag 2011.

Glasl F.: Konfliktmanagement – Ein Handbuch für Führungskräfte, Beraterinnen und Berater, 11. Auflage, Haupt Verlag 2013.

Grichnik D., Heß M., Probst D., Antretter T., Pukall B.: Startup Navigator – Das Handbuch, Frankfurter Allgemeine Buch 2018.

Groth T.: 66 Gebote systemischen Denkens und Handelns in Management und Beratung, 2. Auflage, Carl-Auer Verlag 2017.

Guillebeau C.: START-UP! Wie Sie mit weniger als 100 Euro ein Unternehmen auf die Beine stellen und Ihr eigener Chef werden, Börsenmedien Verlag 2014.

Häusel H.: Brain View - Warum Kunden kaufen, Haufe Mediengruppe 2008.

Häusel H.: Emotional Boosting – Die hohe Kunst der Kaufverführung, 2. Auflage, Haufe Verlag 2012.

Häusel H.: Kauf mich! Wie wir zum Kaufen verführt werden, Haufe Mediengruppe 2013.

Häusel H.: Top Seller – Was Spitzenverkäufer von der Hirnforschung lernen können, Haufe Verlag 2015.

Hagel J., Armstrong A.: Net Gain – Profit im Netz – Märkte erobern mit virtuellen Communities, Gabler Verlag 1998.

Hamel G.: Das revolutionäre Unternehmen – Wer Regeln bricht, gewinnt, Econ Verlag 2001.

Harnish V.: Scaling Up – Skalieren auch Sie! Weshalb es einigen Unternehmen packen … und warum andere stranden, ScaleUp Verlag 2016.

Herstatt C., Verworn B.: Management der frühen Innovationsphasen – Grundlagen – Methoden – Neue Ansätze, Gabler Verlag 2003.

Hilbig H.: Marketing ist eine Wissenschaft – und die Erde ist eine Scheibe? Über Wunderwaffen und Zahlengläubigkeit in Werbung, Marktforschung & Co., Springer Gabler Verlag 2013.

Hinnen A., Hinnen G.: REFRAME IT! 42 Werkzeuge und ein Modell mit denen Sie Komplexität meistern, 2. Auflage, Murmann Verlag 2018.

Hinterhuber H.: Strategische Unternehmensführung – Das Gesamtmodell für nachhaltige Wertsteigerung, 9. Auflage, Erich Schmidt Verlag 2015.

Hoffmann S.: Digitales Produktmanagement – Methoden – Instrumente – Praxisbeispiele, 2. Auflage, Springer Verlag 2023.

Horowitz B.: Wenn es hart auf hart kommt – Schwierige Managementsituationen und wie man sie meistert, 2. Auflage, Börsenmedien Verlag 2018.

Jánszky S., Jenzowsky S.: Rulebreaker – Wie Menschen denken, deren Ideen die Welt verändern, Goldegg Verlag 2010.

Jung C.: Psychologische Typen, 3. Auflage, Patmos Verlag 2011.

Kawasaki G.: The Art of the Start – Von der Kunst, ein Unternehmen erfolgreich zu gründen, Verlag Franz Vahlen 2014.

Keese C.: Silicon Valley – Was aus dem mächtigsten Tal der Welt auf uns zukommt, 4. Auflage, Knaus Verlag 2014.

Keese C.: Silicon Germany – Wie wir die digitale Transformation schaffen, 3. Auflage, Knaus Verlag 2016.

Kim W., Mauborgene R.: Der blaue Ozean als Strategie – Wie man neue Märkte schafft, wo es keine Konkurrenz gibt, Carl Hanser Verlag 2005.

Kittlaus, H., Rau C., Schulz J.: Software-Produkt-Management – Nachhaltiger Erfolgsfaktor bei Herstellern und Anwendern, Springer Verlag 2004.

Kittlaus H. & Fricker S.: Software Product Management – The ISPMA-Compliant Study Guide and Handbook, Springer Verlag 2017.

Kittlaus H. & Mangipudi H.: Software Product Management for Startups, Eigenverlag 2023.

König E., Volmer G.: Handbuch Systemische Organisationsberatung – Grundlagen und Methoden, 3. Auflage, Beltz Verlag 2008.

König E., Volmer G.: Handbuch Systemisches Coaching – Für Coaches und Führungskräfte, Berater und Trainer, 3. Auflage, Beltz Verlag 2008.

Königswieser R., Hillebrand M.: Einführung in die systemische Organisationsberatung, Carl-Auer Verlag 2017.

Königswieser R., Exner A.: Systemische Intervention – Architekturen und Designs für Berater und Veränderungsmanager, 9. Auflage, Schäffer-Poeschel Verlag 2019.

Kollmann T.: E-Business – Grundlagen elektronischer Geschäftsprozesse in der Digitalen Wirtschaft, 7. Auflage, Springer Gabler Verlag 2019.

Kotter J.: Leading Change – Wie Sie Ihr Unternehmen in acht Schritten erfolgreich verändern, Verlag Franz Vahlen 2018.

Kottbauer M., Klein A.: Unternehmerische Entscheidungen systematisch vorbereiten und treffen, Haufe Verlag 2020.

Kruse P.: next practice – Erfolgreiches Management von Instabilität, 3. Auflage, Gabal Verlag 2005.

Levine R., Locke C., Searls D., Weinberger D.: Das Cluetrain Manifest – 95 Thesen für die neue Unternehmenskultur im digitalen Zeitalter, 2. Auflage, Econ Verlag 2000.

Levitt S., Dubner S.: Freakonomics – Überraschende Antworten auf alltägliche Fragen, 2. Auflage, Goldmann Verlag 2007.

Lippold D.: Marktorientierte Unternehmensführung und Digitalisierung – Management im digitalen Wandel, 2. Auflage, De Gruyter Verlag 2021.

Luhmann N.: Die Realität der Massenmedien, 3. Auflage, VS Verlag 2004.

Luhmann N.: Einführung in die Systemtheorie, 3. Auflage, Carl-Auer Verlag 2006.

Malik F.: Strategie des Managements komplexer Systeme – Ein Beitrag zur Management-Kybernetik evolutionärer Systeme, 9. Auflage, Haupt Verlag 2006.

Maturana H., Varela F.: Der Baum der Erkenntnis – Die biologischen Wurzeln menschlichen Erkennens, 12. Auflage, Goldmann Verlag 1987.

Matys E.: Praxishandbuch Produktmanagement – Grundlagen und Instrumente, Campus Verlag 2018.

Maurya A.: Running Lean – Das How-to für erfolgreiche Innovationen, O'Reilly Verlag 2013.

McLuhan M., Fiore Q.: Das Medium ist die Massage – Ein Inventar medialer Effekte, 3. Auflage, Tropen Verlag 2014.

Meadows D.: Die Grenzen des Denkens – Wie wir sie mit System erkennen und überwinden können, oekom Verlag 2010.

Mérö L.: Die Grenzen der Vernunft – Kognition, Intuition und komplexes Denken, Rowohlt Verlag 2002.

Mewes W.: Mit Nischenstrategie zur Marktführerschaft – Strategie-Handbuch für mittelständische Unternehmen – Band 1 und 2, Orell Füssli Verlag 2000, 2001.

Mintzberg H.: Managen, 2. Auflage, Gabal Verlag 2011.

Mockridge M.: Dein nächstes großes Ding – Gute Ideen aus dem Nichts entwickeln, GABAL Verlag 2016.

Moore G.: Crossing the Chasm: Marketing and Selling Disruptive Product to Mainstream Customers, Collins Business Verlag 2006.

Mutius B. v.: Die andere Intelligenz – Wie wir morgen denken werden, Klett-Cotta Verlag 2004.

Nagel R., Wimmer R.: Systemische Strategieentwicklung – Modelle und Instrumente für Berater und Entscheider, Klett-Cotta Verlag 2002.

Navarro J.: Menschen verstehen und lenken – Ein FBI-Agent erklärt, wie man Körpersprache für den persönlichen Erfolg nutzt, 7. Auflage, mvg Verlag 2017.

Navarro J.: Menschen lesen – Ein FBI-Agent erklärt, wie man Körpersprache entschlüsselt, 19. Auflage, mvg Verlag 2019.

Navarro J.: Sehen was andere denken – Der praktische Guide mit dem sie jeden durchschauen, 2. Auflage mvg Verlag 2019.

Nisbett R.: Einfach denken! Wie wir alltägliche Denkfallen vermeiden und die richtigen Entscheidungen treffen, S. Fischer Verlag 2016.

Orlando P.: Growth Units: Learn to calculate Customer Acquisition Cost, Lifetime Value, and why businesses behave the way they do, Eigenverlag 2020.

Parker G., Van Alstyne M., Choudary S.: Die Plattform-Revolution – Von Airbnb, Uber, PayPal und Co. lernen: Wie neue Plattform-Geschäftsmodelle die Wirtschaft verändern, mitp Verlag 2017.

Parsons T.: Aktor, Situation und normative Muster – Ein Essay zur Theorie sozialen Handelns, Suhrkamp Verlag 1994.

Paschen M., Dihsmaier E.: Psychologie der Menschenführung – Wie Sie Führungsstärke und Autorität entwickeln, 2. Auflage, Springer Verlag 2014.

Pelzmann L.: Wirtschaftspsychologie – Behavioral Economics, Behaviroal Finance, Arbeitswelt, Verlag Österreich, 6. Auflage, 2012.

Peters T.: Das Tom Peters Seminar – Management in chaotischen Zeiten, Heyne Verlag 1994.

Peters T., Waterman R.: Auf der Suche nach Spitzenleistungen – Was man von den bestgeführten US-Unternehmen lernen kann, 5. Auflage, Verlag Moderne Industrie 1994.

Peters T.: Der Innovationskreis – Ohne Wandel kein Wachstum – wer abbaut, verliert, Econ Verlag 1998.

Picherl R.: Strategisches Produktmanagement: Produktstrategien und - Roadmaps für digitale Produkte und agile Teams, dpunkt.verlag 2023.

Pinchot G., Pellman R.: Intrapreneuring in Action – A Handbook for Business Innovation, Berrett-Koehler Verlag 1999.

Pricken M.: Die Aura des Wertvollen: Produkte entstehen in Unternehmen, Werte im Kopf. 80 Strategien, Publicis Verlag 2014.

Radatz S.: Einführung in das systemische Coaching. 4. Auflage, Carl-Auer Verlag 2010.

Revers A.: Wie Menschen ticken: Psychologie für Manager, 3. Auflage, Windmühle Verlag 2018.

Ries A., Trout J.: Positioning – Wie Marken und Unternehmen in übersättigten Märkten überleben, Verlag Franz Vahlen 2012.

Rosenzweig P.: Der Halo-Effekt – Wie Manager sich täuschen lassen, 3. Auflage, Gabal Verlag 2012.

Roth G.: Persönlichkeit, Entscheidung und Verhalten – Warum es so schwierig ist, sich und andere zu ändern, 12. Auflage, Klett-Cotta Verlag 2017.

Roth G., Ryba A.: Coaching, Beratung und Gehirn – Neurobiologische Grundlagen wirksamer Veränderungskonzepte, 3. Auflage, Klett-Cotta Verlag 2018.

Rüegg-Stürm J., Grand S.: Das St. Galler Management-Modell – Management in einer komplexen Welt, 2. Auflage, Haupt Verlag 2020.

Rustler F.: Denkwerkzeuge der Kreativität und Innovation – Das kleine Handbuch der Innovationsmethoden, 2. Auflage, Midas Management Verlag 2016.

Ryba A., Pauw D., Rietmann S. (Hrsg.): Professionell coachen – Das Methodenbuch: Erfahrungswissen und Interventionstechniken von 50 Coachingexperten, Beltz Verlag 2014.

Ryba A., Roth G.: Coaching und Beratung in der Praxis – Ein neurowissenschaftlich fundiertes Integrationsmodell, Klett-Cotta Verlag 2019.

Sammer P.: Storytelling – Die Zukunft von PR und Marketing, O'Reilly Verlag 2014.

Sawtschenko P.: Rasierte Stachelbeeren – So werden Sie die Nr. 1 im Kopf Ihrer Zielgruppe, 4. Auflage, Gabal Verlag 2010.

Schein E.: Organisationskultur und Leadership, 5. Auflage, Vahlen Verlag 2018.

Schilling M., Klugkist T.: The Builder's Guide to the Tech Galaxy: Mit 99 Modulen vom Start-up zum Unicorn, Haufe Verlag 2021.

Schlippe A. v., Schweitzer J.: Lehrbuch der systemischen Therapie und Beratung I – Das Grundlagenwissen, 3. Auflage, Vandenhoeck & Ruprecht Verlag 2016.

Schmidt E., Rosenberg J., Eagle A.: Der Trillion Dollar Coach – Bill Campbell, der Mann hinter den Erfolgsgeschichten des Silicon Valley, Redline Verlag 2020.

Schütz A., Brand M., Steins-Loeber S.: Psychologie – Eine Einführung in ihre Grundlagen und Anwendungsfächer, 6. Auflage, Kohlhammer Verlag 2022.

Schulz von Thun F.: Miteinander reden: 1 – 4, 55. Auflage, Rowohlt Verlag 2017, 2018.

Senge P.: Die fünfte Disziplin – Kunst und Praxis der lernenden Organisation, Schäffer-Poeschel Verlag 2011.

Simon F.: „Radikale" Marktwirtschaft – Grundlagen des systemischen Managements, 5. Auflage, Carl-Auer Verlag 2005.

Simon F.: Gemeinsam sind wir blöd!? Die Intelligenz von Unternehmen, Managern und Märkten, 2. Auflage, Carl-Auer Verlag 2006.

Simon F.: Einführung in Systemtheorie und Konstruktivismus, Carl-Auer Verlag 2007.

Simon F.: Einführung in die systemische Wirtschaftstheorie, Carl-Auer Verlag 2009.

Simon F.: Einführung in die systemische Organisationstheorie, Carl-Auer Verlag 2011.

Simon F.: Einführung in die (System-)Theorie der Beratung, Carl-Auer Verlag 2014.

Simon F., Rech-Simon C.: Zirkuläre Fragen – Systemische Therapie in Fallbeispielen, 11. Auflage, Carl-Auer Verlag 2015.

Simon H.: Die heimlichen Gewinner „Hidden Champions" – Die Erfolgsstrategien unbekannter Weltmarktführer, 3. Auflage, Heyne Verlag 1996.

Simon H.: Think – Strategische Unternehmensführung statt Kurzfrist-Denke, Campus Verlag 2004.

Simon H., Fassnacht M.: Preismanagement – Strategie – Analyse – Entscheidung – Umsetzung, 3. Auflage, Gabler Verlag 2009.

Simon H.: 33 Sofortmaßnahmen gegen die Krise – Wege für Ihr Unternehmen, Campus Verlag 2009.

Simon H.: Preisheiten – Alles, was Sie über Preise wissen müssen, Campus Verlag 2013.

Simon H.: Am Gewinn ist noch keine Firma kaputtgegangen, Campus Verlag 2020.

Sinek S.: Frag immer erst: warum. Wie Topfirmen und Führungskräfte zum Erfolg inspirieren, Redline Verlag 2014.

Sneed H., Hasitschka M., Teichmann M.: Software-Produktmanagement – Wartung und Weiterentwicklung bestehender Anwendungssysteme, dpunkt.verlag 2005.

Sprenger R.: Radikal digital – Weil der Mensch den Unterschied macht, DVA Verlag 2018.

Taleb N.: Der Schwarze Schwan – Die Macht höchst unwahrscheinlicher Ereignisse, Hanser Verlag 2008.

Thaler R., Sunstein C.: Nudge – Wie man kluge Entscheidungen anstößt, Ullstein Verlag 2012.

Thiel P.: Zero To One – Wie Innovation unsere Gesellschaft rettet, Campus Verlag 2014.

Vahs D., Burmester R.: Innovationsmanagement – Von der Produktidee zur erfolgreichen Vermarktung, Schäffer-Poeschel Verlag 2005.

Vester F.: Die Kunst vernetzt zu denken – Ideen und Werkzeuge für einen neuen Umgang mit Komplexität, 6. Auflage. Deutscher Taschenbuch Verlag 2007.

Vogl W.: Software: Produktmanagement – 33 Experten-Insights aus der Praxis, BoD Verlag 2024.

Watzlawick P.: Wie wirklich ist die Wirklichkeit? Wahn, Täuschung, Verstehen, 5. Auflage, Piper Verlag 2007.

Watzlawick P., Beavin J., Jackson D.: Menschliche Kommunikation – Formen, Störungen, Paradoxien, 12. Auflage, Hans Huber Verlag 2011.

Watzlawick P., Weakland J., Fisch R.: Lösungen – Zur Theorie und Praxis menschlichen Wandels, Hans Huber Verlag 2014.

Warmer C., Weber S.: Mission: Startup – Gründer in Deutschland schildern ihren Weg von der Idee zum Unternehmen, Springer Gabler, 2014.

Wehrle M.: Die 100 besten Coaching-Übungen – Das große Workbook für Einsteiger und Profis zur Entwicklung der eigenen Coaching-Fähigkeiten, managerSeminare Verlag 2010.

Weick K., Sutcliffe K.: Das Unerwartete managen – Wie Unternehmen aus Extremsituationen lernen, 2. Auflage, Schäffer-Poeschel Verlag 2010.

Wohland G., Wiemeyer M.: Denkwerkzeuge der Höchstleister – Warum dynamikrobuste Unternehmen Marktdruck erzeugen, Unibuch Verlag 2012.

Über den Autor

Wolfgang Vogl

Wolfgang Vogl ist Experte für Software-Produktmanagement, Strategieberatung und Coaching. Mit über 30 Jahren Erfahrung im Softwaregeschäft und in der strategischen Führung unterstützt er Unternehmen dabei, digitale Geschäftsmodelle zu entwickeln, Innovationen marktfähig zu machen und nachhaltiges Wachstum zu erzielen.

Von der Entwicklung internationaler Softwarelösungen bis hin zur Geschäftsführung eines Investoren-finanzierten Startups: Er kennt die Herausforderungen, vor denen Führungskräfte heute stehen. Und weiß, wie technologische Trends und Business Development zusammenwirken müssen, um langfristige Marktführerschaft zu sichern.

Seine besondere Stärke liegt darin, Unternehmen strategisch und operativ zu begleiten – von der Ideenfindung über die Produktentwicklung bis hin zur erfolgreichen Markteinführung. Als systemischer Berater und Certified Coach kombiniert er praktisches Wissen mit strategischem Weitblick. Er vermittelt nicht nur Methodenkompetenz, sondern stärkt die Innovationskraft und Entscheidungsfähigkeit von Führungsteams. Seine Lehrtätigkeit an der Hochschule und zahlreiche Fachpublikationen machen ihn auch zu einem gefragten Impulsgeber für die nächste Generation digitaler Produktstrategen.

Sein Hintergrund als Wirtschaftsinformatiker und Handelsfachwirt mit Schwerpunkt Controlling gibt ihm ein tiefes Verständnis für die Zusammenhänge von Technologie, Business und Psychologie. Seine Mission: Softwarelösungen zu gestalten, die nicht nur technisch überzeugen, sondern im Kopf und Herzen der Nutzer wirken.

Weitere Einblicke und Impulse finden Sie auf LinkedIn: linkedin.com/in/wolfgangvogl